W0291773

DON BOSCO

Susanne Rennert

Die Zauberwerkstatt für Kinder

Spielen, basteln und verzaubern

DON BOSCO

Bibliografische Information Der Deutschen Bibliothek

Die Deutsche Bibliothek verzeichnet diese Publikation in der Deutschen Nationalbibliografie; detaillierte bibliografische Daten sind im Internet über http://dnb.ddb.de abrufbar.

1. Auflage 2005 / ISBN 3-7698-1528-9

Umschlag: Margret Russer
Foto Umschlag: Claudia Weber, Allagen
Fotos Innenteil: Martina Sherman-Hühne, S. 79: Susanne Rennert
Illustrationen: Antje Bohnstedt
Zeichnungen: Susanne Rennert
Satz: undercover, Augsburg
Produktion: Don Bosco Grafischer Betrieb Ensdorf

Gedruckt auf umweltreundlichem Papier

Inhalt

Die wahre Zauberei

Können Sie sich noch daran erinnern, als Sie der Zauberer in einer Zaubervorstellung in einen Zustand versetzte, der Sie an Wunder glauben ließ? Wer dieses warme, prickelnde Gefühl im Bauch spürte, hat erfahren, dass es Dinge gibt, die unbegreiflich erscheinen, aber trotzdem Wirklichkeit werden können.
Wahre Zauberei ist, wenn jemand krank ist und urplötzlich gesund wird. Ein Wunder ist, wenn aus einem Samenkorn eine Blume entsteht. Zauberei ist, wenn ein trauriges Kind zu lachen beginnt. Das ist das Leben sagen Sie? Das stimmt! Um uns herum sind diese Wunder. Wer sie nie entdeckt hat, wird die Schönheit und die Heilkraft der Zauberei nie verstehen und vermitteln können. Zauberei kommt aus dem Herzen. Und wer all dies versteht, der wird ein wirklicher Zauberer werden.
Wer die tricktechnischen Handgriffe lernt, übt und beherrscht, wird ein guter Trickvorführer werden. Er kann sauber all die tollen, gelernten Abläufe präsentieren. Aber, wenn er nicht an das glaubt, was hinter all dem steckt, wenn er nicht an den wahren Zauber glaubt, wenn er nicht an das Verzaubern glaubt, wird er immer nur ein einfacher Tricktechniker bleiben. Die Tricks sind ein Hilfsmittel, um den Menschen den wahren Zauber näher zu bringen.
Zauberei ist, wenn aus einem schüchternen Kind ein selbstbewusster Mensch wird. Kinder die Außenseiter waren, werden auf einmal integriert. Kinder, die sich für nichts interessierten sind fasziniert und mit Begeisterung dabei. Ich möchte Ihnen die Möglichkeit geben, durch die Anregungen des Buches die Wunder der Zauberei selber zu erleben und weiterzugeben. Schauen Sie sich jetzt noch einmal einen Zauberer an. Lassen Sie sich verzaubern. Achten Sie nicht in erster Linie darauf, wie er das wohl gemacht hat. Lassen Sie es auf sich wirken. Achten Sie darauf, welches Gefühl in Ihnen entsteht, wie begeistert Sie sind, wie Sie inspiriert werden. Seien Sie fasziniert! Dann können Sie Ihren Schülern nachempfinden, was sie fühlen, wenn Sie ihnen die Zaubertricks im Kurs das erste Mal vorführen.
Da wir alle selber noch ein Kind in uns haben, verstehen wir auch die Kinder um uns herum, können uns in ihre Wünsche und Bedürfnisse hineinversetzen und ihnen das Wunderbare in der Welt wieder näher bringen. Denn das ist unsere Aufgabe, die wir zu erfüllen haben, den wahren Zauber zu

verstehen und unseren Kindern den Weg und das Verständnis dafür zu eröffnen. Immer wieder habe ich festgestellt, dass alle Kinder, ob Jungen oder Mädchen, vom Zaubern fasziniert sind. Sie entwickeln im Erleben des Probens und des Auftritts vor Freunden und Eltern eine Dynamik, die mit einem großen und bedeutenden Entwicklungsschritt in ihrer Persönlichkeit einhergeht. Dies geschieht unter anderem durch das Wagnis, erst vor einem kleinen Publikum, den anderen Teilnehmern, dann vor einem großen, fremden Publikum aufzutreten.
Es gibt viele effektvolle Tricks, die mit einfachem Aufwand erlernbar sind. Die Kinder lassen sich von Ihrem Enthusiasmus als Zauberlehrer anstecken und faszinieren. Ich habe erlebt, dass Kinder, die sonst ständig vor dem Fernseher saßen, sich nach dem Kurs zu Hause in ihr Zimmer zurückzogen, um zu üben. Danach gingen sie zu ihren Eltern, um das Erlernte in einer kleinen Vorstellung darzubieten. An den Fernseher dachten sie nicht mehr. Die Eltern wunderten sich und kannten ihr Kind nicht wieder.
Durch die Zauberei ist es möglich, die Talente und die unentdeckten Fähigkeiten der Kinder zu wecken und ihre Selbstdarstellung zu fördern. Darüber hinaus wird die Sprache der Kinder und ihre Motorik auf spielerische Art und Weise, dem Naturell des jeweiligen Kindes entsprechend, gefördert. Indem das Zauberhafte ihres eigenen Wesens hervorgehoben wird, lernen die Kinder Schwächen zu überwinden, ihre Stärken zu entdecken und zu erweitern. Genau dort liegt der pädagogische, künstlerische und zauberhafte Ansatz der Zauberwerkstatt für Kinder.

Der Aufbau des Kurses

Dieses Buch ist für Menschen geschrieben, die mit Kindern arbeiten oder arbeiten wollen und Spaß daran haben, mit Kindern kreativ zu sein. Speziell also für Pädagogen, Lehrer, Sozialpädagogen, Erzieher, Jugendpfleger, Eltern usw.
Um die Arbeit zu verkürzen, die es erfordern würde, einen mehrtägigen Workshop aus vielen Quellen mühsam zusammenzustellen, habe ich mein Konzept der von mir durchgeführten Zauberkurse aufgeschrieben. Es beruht auf einer Erfahrung, die lange Jahre wachsen konnte und mit viel Erfolg immer wieder erweitert wurde. Im Buch werden fünf Einheiten vorgestellt, die Beschreibungen vom Kennenlernspiel bis zur Zaubervorstellung beinhalten. Ob Sie eine Einheit pro Tag durchführen oder halbieren und über mehrere Tage verteilen, bleibt Ihnen überlassen. Sie können jede Einheit aufteilen und jeden Tag nur eine Sequenz üben, basteln oder spielen.
Der Zauberkurs ist für die Altersstufe der 6- bis 12-Jährigen ideal geeignet. Wer im Kindergarten schon zaubern möchte, findet dazu ein Extrakapitel mit Tricks schon für die Kleinen (siehe Seite 96f). Der Rahmen des Kurses ist so konzipiert, dass er Spiele, Zaubertricks, Bastelanleitungen und den Umgang mit der Bühne beinhaltet.
Durch die abwechslungsreiche Anordnung und vielfältige Zusammenstellung ergibt sich eine Vorgehensweise, die die Kinder immer wieder aufs Neue begeistert, wodurch sie Motivation entwickeln, jede Aktion mitzumachen und sich auf den folgenden Tag freuen.
Weil jede Einheit sehr abwechselungsreich aufgebaut ist (spielen, zaubern, basteln, proben), ist es möglich, vier Stunden pro Einheit, natürlich mit Pausen, mit den Kindern zu arbeiten.
Sind Sie als Kursleiter allein, reichen 10 Kinder als Teilnehmer aus. Steht noch ein weiterer Helfer zur Verfügung können bis zu 15 Kinder angenommen werden.
Natürlich ist dies kein bindendes Konzept. Sie können nach Belieben streichen oder hinzufügen. Es soll für Sie lediglich eine Anregung sein.

Zur Durchführung wird nur ein Raum zum Üben benötigt, mit viel Platz für Tische und Stühle. Weiterhin brauchen Sie alltägliche Gegenstände, die in

jedem Haushalt vorhanden sind oder aus einem Bastelgeschäft besorgt werden können.
Mit der mystischen Welt der Zauberei setzen sich die Kinder spielerisch auseinander. Sie stellen Zaubertricks selber her und üben die Anwendungstechniken.
Zu den einzelnen Zaubertricks wird die passende Musik ausgewählt, eine kleine Geschichte erzählt oder Theaterszenen eingeprobt.
Doch dies ist nicht alles, was den Trick für das Publikum interessant macht. Der richtige Umgang mit Bühne und Publikum gehört beim Einstudieren der Tricks gleich mit dazu. Somit entsteht am Ende des Zauberkurses eine magische Zaubervorstellung, die die Kinder vor Eltern, Verwandten und Freunden vorführen können.
Planen Sie für das Ende der Zauberwerkstatt eine Zaubervorstellung ein. Dadurch sind die Zauberlehrlinge noch motivierter und konzentrierter bei der Sache. Übernimmt jedes Kind einen Part in der Vorstellung, hat jedes ein Ziel, für das es sich lohnt zu üben und zu proben. Und die Kinder sind stolz, für ihre Eltern und Freunde zu zaubern und das Gelernte zu präsentieren.

1. Einheit: Wie wird man ein Zauberlehrling?

Zu Anfang: eine gespielte Phantasiereise

Nachdem die Kinder eingetroffen sind, setzen sie sich in einen Stuhlkreis, um gemeinsam anzufangen. Die Kursleiterin stellt sich mit ihrem Namen vor und beschreibt den Ablauf des Kurses. Sogleich wird der Stuhlkreis aufgelöst, und die Kinder verteilen sich im Raum.

Die Kursleiterin erzählt eine Geschichte und spielt anhand von Gestik und Mimik die Handlung nach. Die Kinder spielen mit oder beteiligen sich nach kurzer Zeit an dem Geschehen. Das Ziel dieser Übung ist es, die steife und fremde Atmosphäre, die evtl. am Anfang herrscht, aufzulockern.

Es ist früh am Morgen, und wir schlafen noch (alle stellen sich schlafend). Der Wecker klingelt (das Geräusch eines klingelnden Weckers wird nachgeahmt). Wir recken und strecken uns und gähnen. Oh, wir müssen ja zur Schule. Wir stehen auf und ziehen uns an. Erst das Nachthemd ausziehen, dann T-Shirt, Pullover und Hose anziehen und die Strümpfe. Wir gehen ins Bad (alle machen ein paar Schritte in ein vermeintliches Bad an ein Waschbecken). Wir stellen den Wasserhahn an und waschen die Hände und das Gesicht (pantomimisches Waschen). Nun gehen wir frühstücken (alle setzen sich auf den Boden und fangen an zu frühstücken).
(Die Kinder werden gefragt, was sie gerne frühstücken, aufs Brot essen oder trinken. Die meisten Kinder sind mittlerweile in das Spiel integriert und antworten gerne).
Oh, es ist schon spät, wir müssen uns beeilen, der Bus fährt gleich. Aber zuerst noch den Schulranzen anziehen (alle gehen zur anderen Seite des Raumes, der die Bushaltestelle darstellen soll). Wir steigen in den Bus ein und halten uns fest (die Kinder bewegen sich, um die Fahrtbewegung des

Busses anzudeuten.) Plötzlich bremst der Bus. Was ist los? Der Bus bleibt stehen. Der Busfahrer sagt wir haben einen platten Reifen und müssen aussteigen (einen großen Schritt nach draußen machen). Wo sind wir? Das ist nicht der Weg zur Schule. Wir sind in einem Wald. Am Besten gehen wir quer durch den Wald, vielleicht kommen wir in eine Stadt (andeuten, als ob man auf einem Waldweg über Äste und Gestrüpp läuft).
Was ist das? (Die Kursleiterin schaut vor sich auf den Boden und imitiert die Stimme eines Zwerges) „Ich bin ein Zwerg und mein Bart ist von diesem Baumstamm eingeklemmt. Er ist morsch und ist auf mich gefallen. Helft mir bitte mich zu befreien." (Alle stellen sich in Zweierreihe gegenüber, heben den Baumstamm auf und legen ihn beiseite.)
Den Zwerg haben wir befreit. Lasst uns weitergehen (durch den immer dichter werdenden Wald gehen, krabbeln, kriechen, springen). Halt! Hier ist eine Höhle. Die ist ganz dunkel. Ich schau mal nach (geht ein paar Schritte nach vorne und kommt schnell wieder zurück). Da drin ist ein großer Drache mit neun Köpfen und speit Feuer. Nehmt euch einen Knüppel und kämpft gegen ihn, er kommt raus (einen Stock aufheben und kämpfen).
Der Drache ist tot. Wir können weitergehen. Hier ist ein großer Abhang. Wir können nicht hinunter. Hat jemand ein langes Seil dabei? (Meistens meldet sich ein Kind und übergibt ein pantomimisches Seil. Falls nicht, fällt der Kursleiterin ein, dass sie eins in ihrem Rucksack hat. Das Seil wird von mehreren Kindern festgehalten. Die Anderen seilen sich vom Abhang ab. Zum Schluss bindet die Kursleiterin das Seil um einen Baum und seilt sich ebenfalls ab.) Nun stehen wir vor einem großen See. Wir können nicht am Ufer entlang gehen. Seht ihr ein Boot? (Es ist mit Sicherheit eins vorhanden.) Mit diesem Boot können wir auf die andere Seite übersetzen. Springt in das Boot! (Alle stellen sich in dem Boot auf. Die Kursleiterin mittendrin. Sie verteilt an das vorderste und an das hinterste Kind eine Fackel, die den Weg leuchten soll. Die Anderen nehmen sich die Ruder und rudern zum Ufer. Alle machen einen großen Schritt an Land.) Das haben wir geschafft. Schaut mal, da vorn ist ein großes Schloss. Ich öffne das Tor. (Es knarrt.)
(Es ist praktisch, wenn an dieser Stelle eine Helferin anwesend ist, die die Besitzerin des Schlosses spielt, eine Zauberin. Sie hat sich mittlerweile kostümiert, einen Umhang angezogen, einen Zauberhut, einen Zauberstab in der Hand und sitzt in einer Ecke des Raumes. Es stört die Kinder nicht, wenn sie die kostümierte Helferin vorher sehen. Sie sind in das Spiel vertieft, so dass sie sich nicht ablenken lassen.
Die Kinder gehen durch das Schloss und gelangen in das Gemach der Zauberin. Die Kinder gehen zu ihr).

Die Zauberin sagt: „Kommt nur herein. Ich habe euch bereits erwartet. Ich weiß was ihr wollt. Ihr wollt zaubern lernen. Stimmt das?(An dieser Stelle verwende ich ein kleines Hilfsmittel, mit dem man einen kleinen Feuerstrahl aus der Hand erscheinen lassen kann. Es ist ein guter Effekt, der die Kinder beeindruckt. Es heißt „Handblitz“ und ist mit Pyrowatte zu laden. Pyrowatte ist rückstandsfrei verbrennende Watte aus Cellulosenitrat, die mit einer Stichflamme in Sekundenbruchteilen verbrennt.[1]) Doch es ist nicht so einfach, zaubern zu lernen. Bevor ihr Zauberlehrlinge werden könnt, müsst ihr erst drei Aufgaben erfüllen. Es ist wichtig, dass alle Kinder diese Aufgaben erfüllen. Wenn jemand nicht weiter weiß, so können die anderen ihm helfen. Wollt ihr?“ (Kinder antworten)
„Gut. Wenn Ihr bereit seid, dann können wir mit der ersten Aufgabe beginnen.“

1. Aufgabe: Ein Ballonspiel

Materialien
Ballons, Kreppband, Filzstifte, Kassettenrekorder, peppige Musik

Kennenlernspiel
Jedes Kind bläst einen Ballon auf und verknotet ihn. Alle schreiben ihren Namen auf ein Stück Kreppband, kleben es auf ihren Ballon, und verteilen sich im Raum.
Die Kursleiterin macht die Musik an. Die Kinder werfen die Ballons in die Höhe. Sie sorgen dafür, dass kein Ballon den Boden berührt. Alle Ballons müssen in der Luft bleiben. Fällt einer hinunter, so wird dagegen geschlagen um ihn wieder nach oben zu wirbeln. Wird die Musik ausgestellt, greift sich jeder einen Ballon (möglichst nicht den eigenen).
Hält jeder Mitspieler einen Ballon in der Hand, so wird dessen Besitzer gesucht, indem der Name laut vorgelesen wird. Haben alle Ballons ihren Besitzer gefunden, wird die Musik wieder angestellt und das Spiel beginnt von vorn.
Nach einigen Durchgängen wird eine Variante eingebaut. In der nächsten Runde darf niemand ein Wort sagen. Stumm wird der Besitzer des Ballons gesucht, sowie der eigene. Danach werden wieder alle Ballons in die Luft gewirbelt.
In der Abschlussrunde stellen sich alle Teilnehmer in einem Kreis auf. Ein Kind fängt an. Es nennt erst seinen eigenen Namen und im Anschluss den Namen, der auf dem Ballon steht. Der Namensträger meldet sich, holt

seinen Ballon, geht zu seinem Platz und fährt fort. Er wiederholt seinen Namen und liest den Namen auf dem Ballon vor und so weiter bis jeder Mitspieler seinen Ballon in der Hand hält.
Alle Kinder haben die erste Aufgabe erfüllt. Doch nun folgt gleich die nächste Herausforderung.

2. Aufgabe: Durch eine Postkarte kriechen

Materialien
Schere, Papier in der Größe einer Postkarte 15 cm x 10 cm (DIN A6)

Bei der nächsten Aufgabe handelt es sich um ein Rätsel und einen Zaubertrick. Sie ist schon etwas schwieriger.
Die Postkarte muss mit der Schere so beschnitten werden, dass man hindurch kriechen kann. Das ist möglich, es kommt auf die Art des Schneidens an.
Nachdem die angehenden Zauberlehrlinge es einmal oder auch zweimal probiert haben, gibt man ihnen einen kleinen Tipp, wie es funktioniert:

1. Das Papier wird in der Mitte der Längsseite zusammengefaltet (Abb. 1).

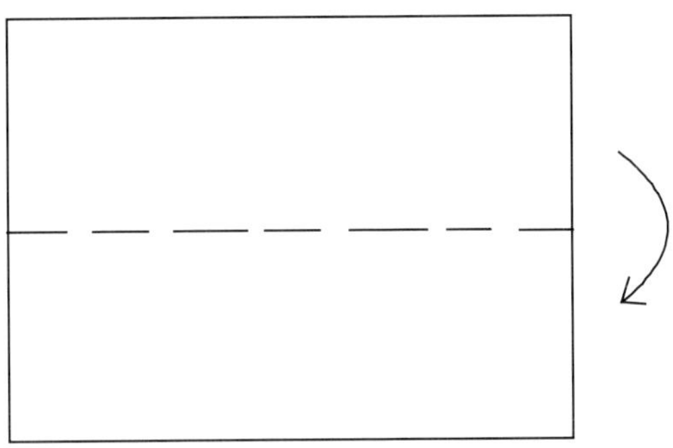

Abb. 1

2. Nun wird das Papier abwechselnd an den beiden langen Seiten eingeschnitten. Beginnen Sie auf der Seite, an der sich die Falte befindet, ca. 1 cm vom Rand entfernt. In einem Abstand von 0,5 cm schneiden Sie das Papier ein. Die Schnitte sollen jeweils einen Zentimeter vor dem Rand enden. (Abb. 2)

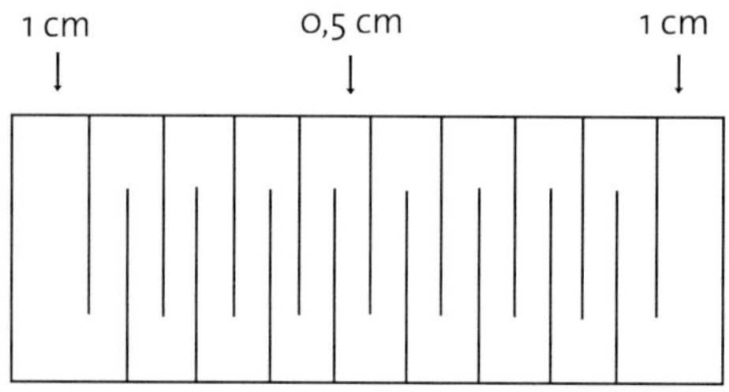

Abb. 2

3. Das Papier wird wieder auseinander gefaltet. Es besteht nun aus mehreren aneinander hängenden Papierstreifen. In der Mitte befindet sich die Falte (Abb. 3).

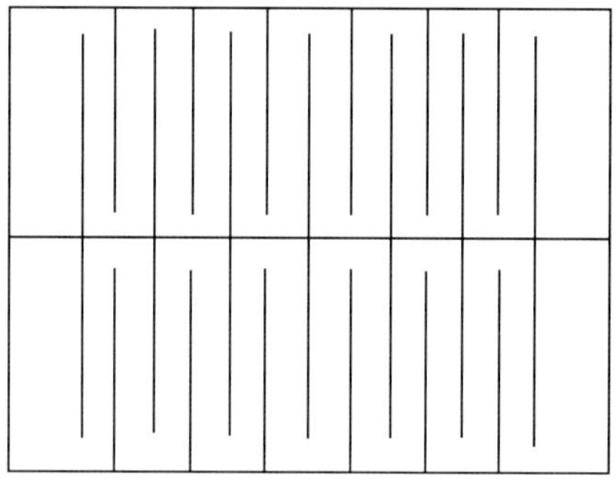

Abb. 3

4. Zuletzt wird entlang der Falte in der Mitte geschnitten, ohne die beiden Endstücke. Es wird also nur entlang der fettgedruckten Linie geschnitten (Abb. 4).

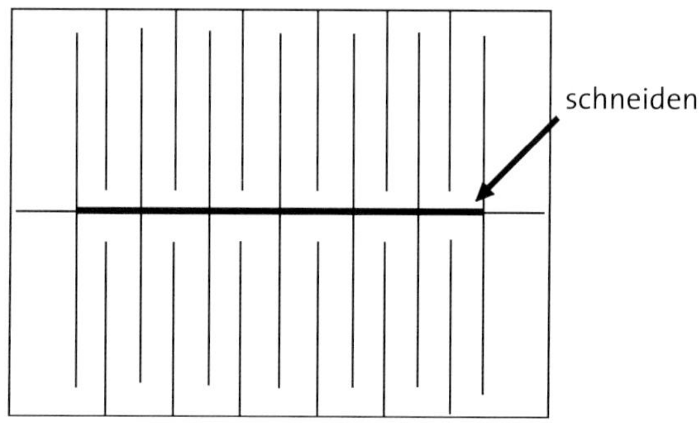

Abb. 4

Es entsteht ein langer Kreis aus Papier, durch den die Zauberlehrlinge locker durchsteigen können.
In einigen Kursen haben sich die Kinder Varianten überlegt. Und zwar sind sie durch ein Zeitungsblatt zu dritt oder auch zu viert geklettert.
Jeder Zauberlehrling zeigt der Zauberin, wie er durch die Postkarte kriechen kann und hat somit die Aufgabe bestanden. Es folgt gleich die nächste.

3. Aufgabe: Die drei magischen Ringe

Materialien
Schere, Kleber, 3 Papierstreifen (jeder ca. 1,20 m lang)

Vorbereitung
Man nehme drei Papierstreifen. Sie lassen sich entweder aus Zeitung herstellen oder von einer Makulaturrolle abschneiden, die als Reste bei der ansässigen Tageszeitung verschenkt oder verkauft werden.
Von dem ersten Streifen werden die beiden Enden zusammengeklebt, so dass ein Ring entsteht (Abb. 5).

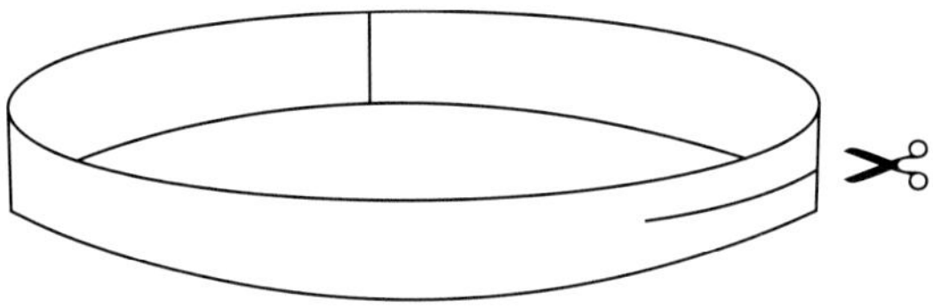

Abb. 5

Der zweite Streifen wird einmal um sich selbst gedreht, bevor man die Enden zusammenklebt. (Abb. 6)

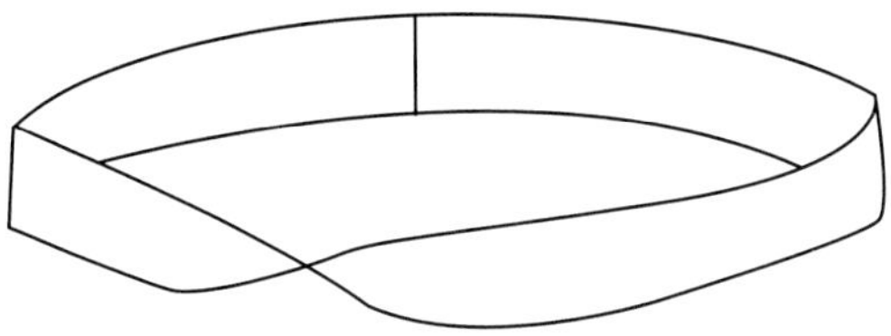

Abb. 6

Den dritten Streifen drehen Sie zweimal bevor Sie ihn verkleben (Abb. 7)

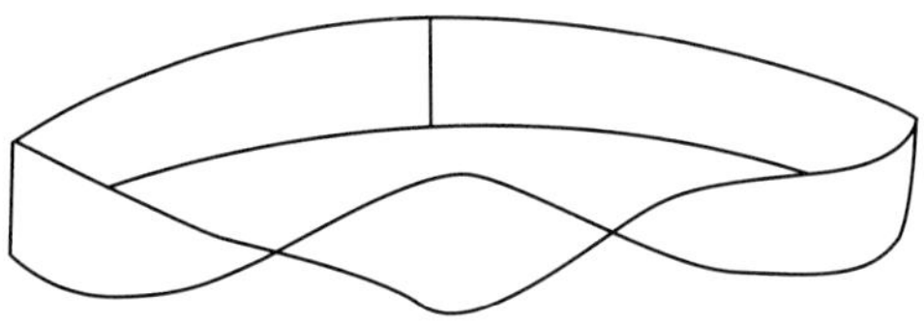

Abb. 7

Vorführung

Diese Ringe sind nun zum Vorführen bereit. Aus dem Publikum werden drei Assistenten gewählt, die die Zauberin zu sich auf die Spielfläche oder Bühne bittet. Jedem Assistenten überreicht sie einen Ring und eine Schere. Die Kinder nehmen ihren Streifen in die Hände, so dass der Ring schön nach unten fällt. Sogleich wird der Ring der Länge nach in der Mitte aufgeschnitten. Aus dem ersten Ring entstehen logischerweise zwei Ringe. Aus dem einmal gedrehten Ring wird ein riesengroßer und der Zweimalgedrehte zerfällt zu zwei kleinen, ineinander hängenden Ringen. Die Assistenten dürfen sich wieder setzen.

Gemeinsam mit den Kindern kommt man dem Geheimnis auf die Spur und erklärt ihnen, wie die Streifen gedreht und verklebt werden.
Jedes Kind erhält drei Papierstreifen und darf sich selber von dem Wunder überzeugen und das Schneiden wiederholen.
Die Aufgabe ist beendet, wenn jedes Kind alle drei Ring-Ergebnisse vor sich ausgebreitet hat.
Übrigens: Das Phänomen der Bänder ist in der Wissenschaft schon lange als „Möbiusband“ bekannt.

Die drei goldenen Regeln beim Zaubern

Die Kinder haben alle drei Aufgaben gelöst, und freuen sich, dass die Zauberin sie zu Zauberlehrlingen ernennt. Zur Grundausstattung eines Zauberers gehört das Befolgen der drei wichtigsten Regeln, die den Kindern nun als Einweisung erzählt werden.

1. Ein Zauberer darf niemals einen Trick Freunden, Eltern oder Verwandten verraten.
2. Jeder Trick darf nur einmal vor dem selben Publikum gezeigt werden; denn beim ersten mal schaut das Publikum WAS man macht. Beim zweiten Mal schauen die Zuschauer WIE man es macht, und können daher leichter das Trickgeheimnis erkennen.
3. Jeder Trick muss genau eingeübt werden, bevor man ihn vorführt. Bei allem was man sagt oder zeigt, muss man sich absolut sicher fühlen. Am besten ist es, vor einem Spiegel zu üben.

Den Zauberstab herstellen

Das wichtigste Requisit für den Zauberer ist der Zauberstab (Abb. 8). Er unterstützt die magische Atmosphäre oder dient zur Ablenkung vom eigentlichen Trickgeschehen. Er wird bei dem Spiel „Zauberstabkriegen“ gebraucht und ihm sind auch eigene Tricks gewidmet. Bei dem Trick „Der steigende Zauberstab“ spielt er die Hauptrolle. Ansonsten wird er bei jeder Darbietung eingesetzt.
Aber bitte nicht damit auf lebende Menschen zeigen. Wie leicht kann etwas passieren und man verwandelt jemanden in einen Frosch und weiß dann den Zauberspruch nicht mehr, um ihn zurückzuverwandeln. Vorsicht!

Materialien
1 Rundstab – Durchmesser 1 cm, Länge 30 cm, 1 Pinsel, schwarze und weiße Plaka- oder Lackfarbe, Säge

Den Zauberstab herzustellen ist ganz einfach. Die Rundstäbe aus Holz werden als Meterware in jedem Bastelgeschäft verkauft. Gemeinsam mit den Kindern müssen sie auf die richtige Länge gesägt werden.

1. Markieren Sie den Stab in 30 cm langen Abständen. Spannen Sie den Stab am Besten in einen Schraubstock ein. Ist dieser nicht vorhanden, nehmen Sie zwei Stühle und legen den Stab dazwischen. Lassen Sie die Enden von den Kindern festhalten. Damit nichts passiert sägen Sie lieber selber.
2. Nun werden die Stäbe auf die passende Länge gesägt und an die Kinder verteilt.
3. Wenn die Enden rau sind, können sie mit etwas Schmirgelpapier glatt gerieben werden.
4. Als nächstes malen die Kinder ihren Stab an. Legen Sie dafür Zeitungspapier oder Papier von der Makulaturrolle auf die Tische.

Es gibt den Zauberstab in verschiedenen Variationen. Da er für den Trick „Der steigende Zauberstab“ gebraucht wird, sollte er ein ca. 5 cm weißes Ende bekommen. Der Rest wird schwarz angemalt. (Abb. 8)

Abb. 8

Ein Spiel: Zipp-Zapp

Die Zauberlehrlinge haben eine Menge geleistet. Damit sie Bewegung haben und sich weiter besser kennen lernen, folgt nun ein Spiel: Zipp-Zapp. Die Kinder sitzen im Stuhlkreis. Einer der Teilnehmer steht in der Mitte des Kreises. Für ihn ist kein Stuhl reserviert. Diese Person sucht sich einen Mitspieler im Kreis aus, geht zu ihm und sagt z. B. „Zipp“. Das angesprochene Kind sagt darauf den Namen seines linken Nachbarn. Sagt der in der Mitte aber „Zapp“, so muss das angesprochene Kind den Namen seines rechten Nachbarn sagen. Die dritte Möglichkeit ist „Zipp-Zapp“. Hierbei stehen alle Kinder auf und suchen sich einen neuen Platz.

Derjenige, der keinen Platz gefunden hat, muss nun das Spiel fortsetzen. Das Spiel ist zu Ende, wenn sich alle ausgetobt haben.

Der Zauberkasten

Während des Zauberkurses sammeln sich einige Zauberutensilien an, die einen Ort brauchen, an dem sie untergebracht werden können.
Ideal ist ein selbst gebastelter Zauberkasten. Ich habe in meinen Kursen Schuhkartons genommen, die sich dank ihrer Stabilität als sehr wertvoll erwiesen. Einen passenden Deckel gibt es mit dazu. Fragen Sie in einem Schuhgeschäft nach leeren Schuhkartons mit Deckel.
Die Kinder können ihre Kartons mit bunten Farben bemalen, z. B. Fingerfarben, die ebenso mit einem Pinsel aufgetragen werden können. Die Maltätigkeit gibt den Kindern frischen Schwung nach dem Lernen der Zaubertricks. Die Zauberschüler können die Kästen mit magischen Symbolen bemalen. Diese Tätigkeit macht viel Spaß und fördert die kreative Schaffenskraft.

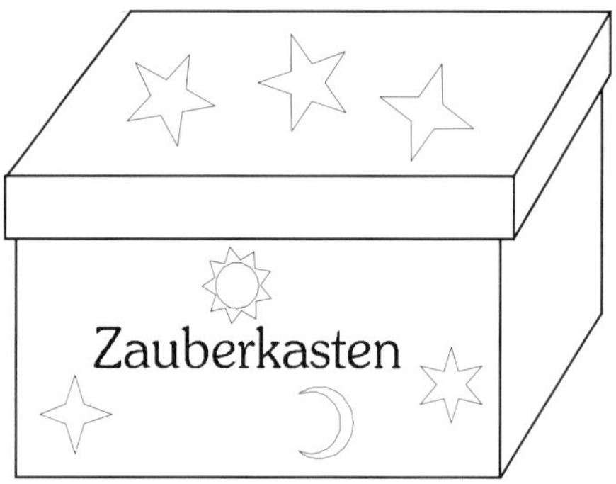

Abb. 9

In dem Karton können die Zaubertricks, die während des Kurses gebastelt wurden, gesammelt werden. So haben sie dafür gesorgt, dass spielerisch Ordnung geschaffen wird. Die Tricks liegen nicht verteilt im Raum herum. Lassen Sie hierzu den Namen des Besitzers in den Karton schreiben.

Magische Symbole

Die wichtigsten magischen Symbole sind das Pentagramm, auch der Fünfstern genannt, und der Halbmond. Hier zeige ich Ihnen eine Anleitung, um sie sauber zeichnen zu können.

Der Halbmond

Nehmen Sie ein rundes Glas. Setzen Sie es verkehrt auf das Blatt Papier. Zeichnen Sie die Umrandung mit einem Stift zur Hälfte nach. Es entsteht ein Halbkreis. Ziehen Sie das Glas ein Stück zur Seite. Zeichnen Sie wiederum den Rand des Glases nach, und verbinden dies mit dem ersten Halbkreis. Es entsteht ein Halbmond.

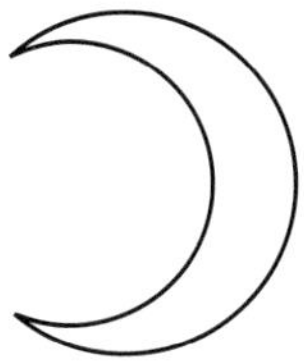

Abb. 9

Das Pentagramm

Wie zeichne ich bloß einen gleichmäßigen fünfzackigen Stern mit einem Strich? Das ist ganz einfach! Fangen Sie in der linken unteren Ecke an zu zeichnen. Ziehen Sie einen Strich schräg rechts nach oben (1). Als nächstes einen waagrechten zur linken Seite (2). Dann ziehen Sie einen Strich nach rechts unten (3). Von da aus nach oben in die Mitte (4). Und zuletzt verbinden Sie ihn mit dem Anfang in der linken unteren Ecke (5).

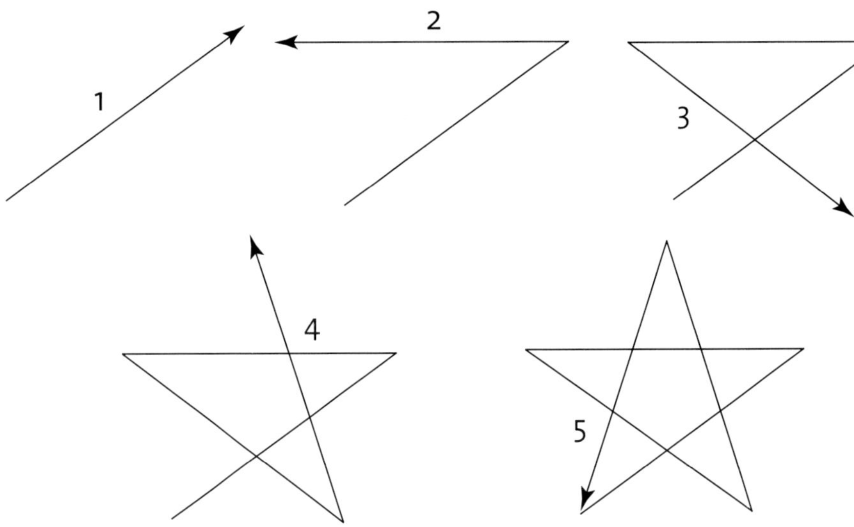

Abb. 10

Perfekt! Herzlichen Glückwunsch.

Verwandlung eines Tuches in einen Ball

Materialien
Schere, Tischtennisball, ein Tuch aus z. B. Seide. Es kann aber auch aus sehr dünnem Material wie Taftstoff bestehen, welches sich sehr klein zusammenknautschen lässt, ca. 25 cm x 25 cm.

Vorführung
Der Zeitpunkt ist gekommen für den ersten offiziellen Zaubertrick, der gezeigt und erklärt wird.

Der Zauberer tritt auf die Bühne und stellt sich vor. Er hält ein Tuch in seiner Hand und stopft es mit der anderen hinein (Abb. 11 vom Zuschauer aus gesehen).

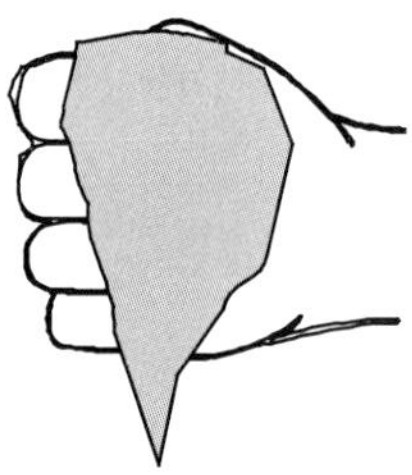

Abb. 11

Ist es in seiner Hand verschwunden, wird mit der anderen eine magische Bewegung gemacht und ein Zauberspruch gesprochen, z. B. Hokus-Pokus-Fidibus, dreimal schwarzer Kater. Die Hand wird geöffnet und das Tuch hat sich in einen Tischtennisball verwandelt.

Erklärung
Natürlich steckt der Ball von Anfang an in der Hand. Allerdings wurde er vorher etwas präpariert. Mit einer spitzen Schere wird ein Loch hinein geschnitten, das so groß ist, dass der Daumen gut hinein passt und ein Tuch hineinstopfen kann.
Wenn der Zauberer auf die Bühne tritt, hat er bereits den Ball in seiner Hand „palmiert". Palmieren bedeutet, einen Gegenstand so in seiner Hand zu halten, dass die Zuschauer ihn nicht entdecken oder erahnen können. Palmiert wird der Ball in der inneren Handfläche, in der sogenannten Handpalme. Der Handrücken ist hierbei zum Publikum gewendet. Das Tuch hängt über den Handrücken. Ein Zipfel des Tuches steckt bereits in dem Loch des Balles.

Fixiert wird alles mit dem Daumen. Die Finger sind geschlossen. Es darf keine Lücke entstehen, durch die der Ball sichtbar wäre (Abb. 12).

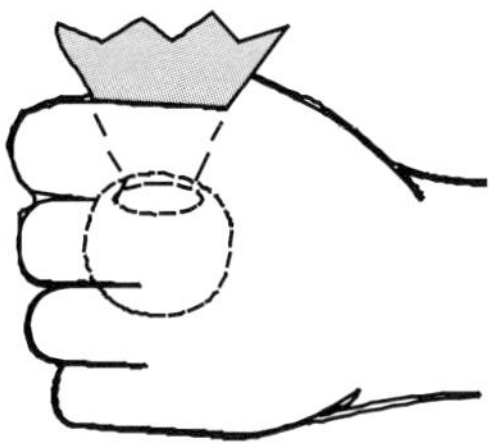

Abb. 12

Nun wird das Tuch in den Ball gestopft, bis es verschwunden ist. Die Finger der anderen Hand werden auf das Loch gelegt, um die Öffnung zu verdecken. Der Ball wird gezeigt, so dass das Loch von den Zuschauern abgewendet ist. Der Zauberer verbeugt sich und empfängt seinen Applaus.
Vorgeführt werden kann der Trick, indem der Zauberer z. B. erzählt, was er macht. Dabei sollte er darauf achten, dass er nicht verrät, was er vorhat. Es ist unklug zu sagen, dass er dieses Tuch in einen Ball verwandeln will. Die

Zuschauer achten nämlich darauf, wo der Ball herkommt. Es reicht wenn er die Bewegungen erläutert, die er gerade ausführt.
Es ist immer vorteilhaft, das Publikum aktiv am Geschehen teilhaben zu lassen und es miteinzubeziehen. Das könnte passieren, indem man etwas Zauberpuste braucht und das Publikum pusten muss. Aber darauf werde ich zu einem späteren Zeitpunkt noch näher eingehen.

Nachdem den Kindern der Ablauf vorgeführt und erklärt wurde, können sie sich daran setzen, den Trick selber herzustellen. Geübt wird gemeinsam, indem jeder einzelne Schritt besprochen wird und die Kinder ihn wiederholen.
Um die Darstellung aus der Sicht der Zuschauer zu verfolgen, ist es am besten, sich vor einen Spiegel zu stellen und seine Handlungen zu beobachten. Üben können die Zauberlehrlinge, indem sie sich paarweise aufstellen und sich den Trick gegenseitig zeigen.
Oder Sie üben mit der ganzen Gruppe, indem sich alle im Kreis aufstellen und gemeinsam den Trick ausführen.

Der Abschluss der Einheit

Die erste Einheit ist beendet, die Kinder sind mit Basteln fertig. Um den Tag abzurunden, ist es schön, wenn sich alle Teilnehmer noch einmal in einen Stuhlkreis setzen. Der Kreis symbolisiert die Einheit und stärkt das Zusammengehörigkeitsgefühl. Jeder kommt innerlich zur Ruhe. Der Tag wird gemeinsam reflektiert. Es wird wiederholt, was an dem Tag gelernt wurde. Die Kinder erzählen ihre Eindrücke und was sie erlebt haben. Sie gehen mit einem guten Gefühl nach Hause.
Wenn noch Zeit übrig ist, können Sie den Kindern noch eine Zaubergeschichte vorlesen, z. B. *Adam der Zauberer* von Paul Gallico.

2. Einheit: Lauter magische Zaubertricks!

Die magische Cocktailbar

Materialien
Tisch, 4 Gläser, Glaskrug mit Wasser, 4 Lebensmittelfarben

Vorführung
Die nächste Einheit ist angebrochen. Wir beginnen mit einem Zaubertrick. Der Zauberer tritt auf die Bühne oder die markierte Spielfläche und stellt sich vor.
„Guten Tag, mein sehr verehrtes Publikum. Ich bin Zauberer Pepito von der Cocktailbar. Ich zeige euch heute meinen magischen Cocktail. Aber das wird nicht ein Cocktail, es werden auch nicht zwei Cocktails, sondern vier Cocktails (nimmt ein Glas in die Hand, den Krug in die andere).
Zuerst zaubere ich aus diesem Wasser einen Bananensaft (schüttet das Wasser in das Glas. Es wird gelb).
Das zweite Glas wird zu Waldmeistersaft (schüttet das Wasser hinein und es wird grün, wiederholt es noch zweimal).
Aus dem dritten entsteht Kirschsaft (es wird rot). Das vierte verwandelt sich in Heidelbeersaft (es wird blau). Ihr seht, ich zaubere aus vier verschiedenen Gläsern reinsten Wassers vier verschiedene Cocktails.
Das war meine magische Cocktailbar“ (verbeugt sich und geht von der Bühne).

Erklärung
In die Gläser wird vor der Aufführung je ein Tropfen Lebensmittelfarbe gegeben, die man in jedem Lebensmittelladen erwerben kann. Damit die Farbtropfen nicht schon vorher zu sehen sind, besorgen Sie Gläser mit

einem dicken Boden. Nimmt der Zauberer sie in die Hand, verdeckt er den Boden des Glases, damit die Farbe nicht durchschimmert.

Tipp

Um die Zuschauer mit einzubeziehen, fragt der Zauberer, ob jemand einen Zauberspruch weiß. Die Kinder antworten gerne und sind besonders stolz, wenn der Trick durch ihre Mithilfe funktioniert. Der Darsteller bittet das Publikum, den Zauberspruch gemeinsam zu sprechen. Altbekannte Zaubersprüche sind:

- Hokuspokus-Fidibus, dreimal schwarzer Kater
- Simsalabim
- Abrakadabra

In einer meiner Vorstellungen rief ein Kind mir folgenden Spruch zu. „Hokus-Pokus-Affenplunder, aufgepasst ein Zauberwunder." Das Publikum war sichtlich erheitert. Ein Pluspunkt für jeden Darsteller.

Fidibus

Was ist eigentlich ein Fidibus? Bereits Wilhelm Busch erwähnte den Fidibus in seinem bekannten Werk „Max und Moritz". Die wenigsten wissen, was das eigentlich bedeutet. Im Lexikon wird der Fidibus beschrieben. Der Begriff stammt aus einer Zeit, als wir alle noch nicht auf der Welt waren. Es handelt sich um einen Holzspan oder einen zusammengeknautschten Papierstreifen, der zum Feuer- oder Pfeife-Anzünden benutzt wurde.

Die Präsentation auf der Bühne

Genauso wichtig wie die Einübung der Tricks ist die Präsentation des Gelernten, sowie der eigenen Person auf der Bühne. Der Zauberer ist eine Rolle, die gespielt wird. Jeder, der einen Zauberer oder eine Zauberin darstellt, schlüpft in diese Rolle und ist somit ein Schauspieler. Die Bühne ist sein Aktionsfeld. Sie wirkt wie eine Lupe, durch die auch die allerkleinste Bewegung wahrgenommen wird.

Es gibt daher wichtige Punkte, die vom Akteur beachtet werden sollten und während der Probe gleich mit eingeübt werden können.

Erstens: Lächelnd auf die Bühne kommen

Schließlich soll das Publikum sehen, dass es dem Darsteller Spaß macht zu zaubern. Oft sind die Darsteller durch Lampenfieber geplagt und sehr aufgeregt. Lampenfieber vor dem Auftritt gehört dazu. Auch wenn es unerträglich erscheint, erhöht diese Reaktion des Körpers unsere Konzentrationsfähigkeit. Das wird uns jeder Schauspieler bestätigen. Hat die Vorstellung erst einmal begonnen, geht alles rasend schnell vorüber. Wenn die Vorstellung vorbei ist, können wir den Applaus und den Erfolg so richtig genießen.

Lächeln ist freundlich und erweckt Sympathien beim Publikum. Also, strahlend auf der Bühne erscheinen, außer wenn die Rolle vorschreibt, einen anderen Charakter zu spielen. Das Lächeln und Strahlen gilt natürlich für die ganze Zeit, in der man auf der Bühne steht. Das Lächeln trägt auch psychologisch dazu bei, locker zu bleiben und sich nicht zu verkrampfen.

Zweitens: Laut und deutlich sprechen

Es ist tödlich für jeden Darsteller, wenn das Publikum nichts versteht. Erst fragt einer seinen Nachbarn, was der Zauberer gesagt hat und dann folgt der Nächste. Es pflanzt sich bis in die letzte Reihe fort. Es entsteht eine Unruhe, bei der sogar ein Profi Schwierigkeiten hat, sie wieder zu beenden. Deshalb lautet die oberste Devise für jeden Darsteller laut und deutlich zu sprechen, damit auch die Zuschauer in der letzten Reihe alles verstehen.

Drittens: Sich zu Beginn vorstellen

Es ist oft schwierig, einen Anfang zu finden, vor allem, wenn man allein auf der Bühne steht. Ein guter Anfang ist daher, erst das Publikum zu begrüßen und sich dann selber vorzustellen. Dies geschieht sozusagen als Einleitung zum Geschehen, damit das Publikum weiß, wer vor ihm steht. Jeder Darsteller sucht sich dafür einen Künstlernamen aus. Dieser stellt sofort eine persönliche Verbindung zwischen Darsteller und Publikum her.

Viertens: Nie mit dem Rücken zum Publikum stehen

Es geht nicht nur darum, dass es unhöflich ist, den Zuschauern den Rücken zuzuwenden. Das Publikum sieht in erster Linie nicht, was vor sich geht. Zudem hört es nicht, was gesagt wird. Unaufmerksamkeit, aus der wiederum Unruhe entsteht, ist die Folge. Deshalb ist es wichtig von Angesicht zu Angesicht vor dem Publikum zu stehen, damit die Verbindung nicht abbricht. Ausnahme ist wieder, wenn die Rolle etwas anderes vorschreibt.

Fünftens: Das Publikum anschauen beim Reden und Spielen

Die geschaffene Verbindung und die damit verbundene Aufmerksamkeit zwischen Darsteller und Publikum werden durch Anschauen und Reden erhalten. Es ist nicht ratsam, nur auf einen Punkt im Publikum zu starren oder nur auf die Zuschauer der ersten Reihe. Der Blick sollte von einem Zuschauer zum anderen wandern, damit sich jeder angesprochen fühlt und der Zauberer alles überblicken kann. Lassen es die Lichtverhältnisse wegen zu greller Scheinwerfer nicht zu, jeden Zuschauer zu erkennen, so wird der Anblick trotzdem visionär angedeutet. Dies aber möglichst nicht mit zugekniffenen Augen.

Kein Zuschauer, der das Gefühl hat, direkt vom Darsteller angeschaut zu werden, wird jetzt noch unaufmerksam sein und sich vom Bühnengeschehen abwenden.

Sechstens: Nie das Ergebnis vorwegnehmen
Dies habe ich bereits im Zusammenhang mit dem Tuchtrick erklärt. Niemals sollte das Ergebnis vorhergesagt werden. Wenn ich sage „Ich zeige euch jetzt, wie ich das Tuch in einen Ball verwandle", suchen die Zuschauer das Versteck des Balles. Sie sind nicht mehr überrascht, wenn dies wirklich passiert, da sie es bereits wussten.

Siebtens: Nichts anmerken lassen, wenn etwas schief geht
Jedem kann einmal etwas daneben gehen, sogar den Profis. Das macht weiter nichts. Es ist wichtig, sich nichts anmerken zu lassen. Bloß nicht anfangen zu fluchen. Locker bleiben, einfach weiter spielen, wenn es möglich ist. „Improvisieren ist alles", sagt man so schön. Das Publikum weiß nicht, was passieren soll. Es kennt nicht den Ablauf. Meistens denken die Zuschauer, das sei so geplant und es gehört zur Vorführung dazu.

Achtens: Zum Schluss verbeugen
Um dem Publikum ein Zeichen zu geben, dass die Darbietung zu Ende ist, ist die Verbeugung geradezu ideal. Die Zuschauer fangen spätestens bei der Verbeugung an zu applaudieren. Es ist eine Ehrerbietung und Danksagung an das Publikum, dass es so lange zuhört und applaudiert.

Neuntens: Nicht reden während applaudiert wird
Dies ist einer der größten Fehler der immer wieder gemacht wird. Wenn die Zuschauer applaudieren z. B. bei einem Zwischen- oder Szenenapplaus während der Darbietung, sollte der Zauberer auf keinen Fall weiter sprechen. Er kann eine kleine Pause einlegen und warten, bis der Applaus zu Ende ist. Dann kann er weiter sprechen. Ansonsten könnten den Zuschauern wichtige Details entgehen. Sie sind dankbar dafür und zufrieden und konzentrieren sich auf den folgenden Ablauf.

Allgemein
Wichtig sind die Wechselbeziehungen zwischen Darsteller und Publikum. Der Zuschauer muss überzeugt werden, dass auf der Bühne wirklich ein Wunder geschieht, das er sich nicht erklären kann. Hierzu gibt es einiges zu beachten. Wenn die Kursteilnehmer von vornherein den Trick kennen, kön-

nen sie sich nicht in das Staunen des Zuschauers hineinversetzen. Um dem abzuhelfen, sollte die Kursleiterin jeden Trick den Kindern erst vorführen. Danach wird der Trick erklärt.
Sie können auch die Kinder fragen, ob sie sich vorstellen können, wie der Trick funktioniert. Es kommen durchaus sehr phantasievolle Antworten. Werden die Kinder nicht auf diese Weise selbst in Spannung versetzt, denken sie immer, die Zuschauer könnten den Trick durchschauen und die Ablenkung erkennen. Äußern die Kinder diese Bedenken, so kann man ihnen den Beweis bringen, dass sie selber während der Vorführung überrascht waren und nicht hinter das Trickgeheimnis kamen.
Die Kursleiterin braucht sich keine Sorgen zu machen, dass die Teilnehmer das Geheimnis während ihrer Darbietung erkennen können. Natürlich muss der Trick eingeübt werden, um ihn zu können. Wird der Trick gut vorgeführt ist es unwahrscheinlich, dass jemand das Geheimnis erkennt.

Übung mit einer Jacke

Diese Übung soll verdeutlichen, wie wichtig es ist, einen Vorgang genau zu erklären. Die Kursleiterin stellt einen Stuhl auf die Bühne. Sie steht neben dem Stuhl. Sie bittet einen Freiwilligen sich darauf zu setzen. Eine Jacke legt sie vor sich auf den Boden. Das Kind soll nun der Kursleiterin erklären, wie sie die Jacke anziehen soll. Die Leiterin kennt aber keine Begriffe wie Kragen oder Ärmel. Das Kind soll mit einfachen Worten beschreiben, wie dies geschehen soll. Die Kursleiterin nimmt alle Begriffe wörtlich. Bereits das Aufheben der Jacke ist schwierig. Sagt das Kind z. B. „Du musst die Jacke hinter dich werfen“, so wirft man eben die Jacke hinter sich auf den Boden. Es entstehen lustige Situationen, an denen man erkennen kann, wie schnell Missverständnisse entstehen und wie eine Aussage von zwei verschiedenen Personen unterschiedlich verstanden werden kann.

Der steigende Zauberstab

Materialien
der gebastelte Zauberstab, ca. 60 cm langer, dünner fast unsichtbarer Faden, eine 0,33 l durchsichtige Flasche, eine Schere, eine Büroklammer, ein Tisch, eine Heftzwecke

Erklärung
Darsteller A, der Zauberer, kommt auf die Bühne. In der Hand hält er eine Flasche, die er auf den Tisch stellt. An dem schwarzen Ende des Zaubersta-

bes ist eine Heftzwecke angebracht, die ebenfalls schwarz angemalt ist. Um die Heftzwecke ist der dünne, unsichtbare Zauberfaden geknotet. Am anderen Ende des Fadens ist die Büroklammer geknotet (Abb. 13).

Abb. 13

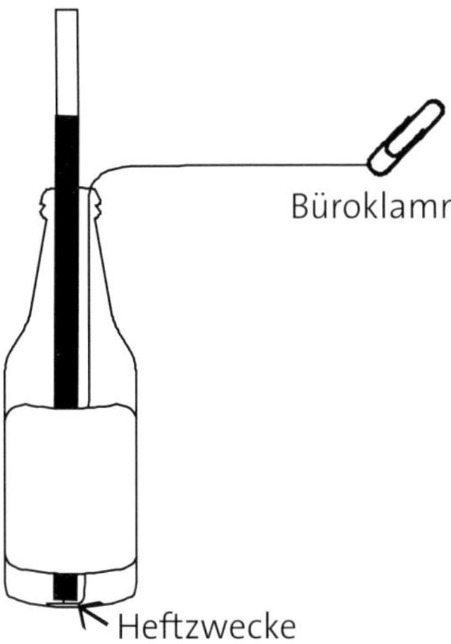

Abb. 14

Das schwarze Ende des Zauberstabes steht in der Flasche. Der Faden liegt am Zauberstab an und schaut oben aus der Flasche heraus (Abb. 14). Die Büroklammer ist an der Hose oder am Gürtel des Zauberers befestigt. Achtung! Es darf kein Pullover darüber hängen.

Vorführung

Darsteller A: „Ich bin Zauberer Merlin und zeige euch eine große Sensation." (Er hält seine Hand in ca. 20 cm Abstand über dem Zauberstab. Der Faden ist gespannt. Der linke Fuß steht ein Schritt vor dem rechten Fuß. Wippt er nun leicht nach hinten, nimmt die Spannung des Fadens zu, und der Zauberstab steigt in die Höhe. Die Hand bewegt sich parallel nach oben. Die Zuschauer sollen denken, es bestünde eine Verbindung zwischen Hand und

Zauberstab, wobei es sich z. B. um einen Faden handeln könnte. Wippt das Kind langsam nach vorne, lässt die Spannung nach und der Zauberstab sinkt wieder in die Flasche zurück. Genauso senkt sich die Hand. Das Wippen ist von den Zuschauern nicht wahrnehmbar.)
„Ihr seht meinen steigenden Zauberstab." (Er wiederholt dies einige Male).
Darsteller B: (Hat sich halb kniend in etwas Entfernung postiert und beobachtet das Treiben von seinem Kameraden. Beim dritten Steigenlassen des Zauberstabes schaltet er sich ein.)
(energisch) „Halt! Stopp! Das geht nicht mit rechten Dingen zu. Das ist doch reiner Schwindel. Den werde ich beenden." (In der einen Hand hält er sichtbar eine Schere. Damit schneidet er, als der Zauberstab sich in der Höhe befindet, die scheinbare Verbindung zwischen Hand und Zauberstab durch.)
Darsteller A: (Versucht ihn abzuwehren, ist geschockt, schafft es aber nicht. Er bewegt sich nach vorn, wenn Darsteller B schneidet, so dass der Zauberstab von oben in die Flasche fällt.) „Was willst du denn hier? Du störst meine Vorstellung. Lass das. Nimm die Schere weg.
(Wenn der angebliche Faden durchtrennt ist, beruhigt er sich wieder) Aber na ja, dann hilft nur noch richtige Magie (Er hält die Hand wieder über den Stab, schnippt mit den Fingern der anderen Hand und lässt den Zauberstab steigen und sinken. Er nimmt die Schere und zeigt, dass keine Fäden zwischen Hand und Zauberstab vorhanden sind). Siehst Du? Ich schneide mit der Schere und der Zauberstab schwebt trotzdem."
Darsteller B: „Oh, das kann ich auch (hält seine Hand über den Stab und führt sie nach oben). Der Zauberstab steigt höher und höher und höher."
(Es passiert nichts).
Darsteller A: „Probier es jetzt einmal." (Er schnippt mit den Fingern).
Darsteller B: (Er probiert es und der Zauberstab steigt jetzt. Er lässt ihn wieder sinken.)
Darsteller A: „Früher hat man dazu eine unsichtbare Kurbel genommen." (Er nimmt eine unsichtbare Kurbel vom Tisch, steckt sie an die Flasche und kurbelt. Der Stab hebt sich. Er kurbelt in die andere Richtung und der Stab senkt sich wieder. Er zieht die Kurbel ab und legt sie wieder auf den Tisch.)
Darsteller B: „Das kann ich auch."
Darsteller A: „Probier es." (gibt ihm die Kurbel)
Darsteller B: (Steckt die Kurbel an die Flasche. Er kurbelt vor und zurück, aber es passiert nichts.)
Darsteller A: (Schnippt mit den Fingern) „Probier es jetzt noch mal."

Darsteller B: (Kurbelt wieder. Darsteller A geht zurück. Der Zauberstab hebt sich. Darsteller A geht nach vorne. Darsteller B kurbelt in die andere Richtung und der Zauberstab senkt sich.
Diese Bewegungen müssen genau synchron ablaufen, damit es gut aussieht).
Darsteller A: (Zieht die Kurbel ab, beide verbeugen sich. Durch das Verbeugen steigt der Stab noch einmal in die Höhe, was ganz lustig aussieht.)

Auch die Zuschauer sind verblüfft, da sie am Anfang glauben, den Trick durchschaut zu haben. In der Zaubersprache nennt man dies einen Aufsitzertrick.

Spiel: Zauberstabkriegen

Zur Abwechslung ein Spiel, damit sich die Kinder bewegen und austoben können.
Ein Kind wird als Zauberer bestimmt. Es bekommt einen Zauberstab. In einem abgesteckten Feld können sich die Kinder bewegen. Der Zauberer muss nun versuchen die Kinder zu verzaubern. Das passiert indem er die Kinder mit dem Zauberstab berührt. Dann müssen sie sofort stehen bleiben. Sie sind versteinert. Doch sie können von ihren Mitspielern entzaubert werden. Die noch freien Mitspieler können durch die Beine des versteinerten Kindes kriechen. Somit ist der Zauber aufgehoben und das Kind darf weiter spielen. Der letzte noch freie Mitspieler darf als nächstes die Rolle des Zauberers übernehmen, und das Spiel beginnt von vorn.

Spiel: Klopfen

Nach dem Toben ist es schön, sich wieder etwas Ruhigerem zu widmen. Dazu setzen sich alle Kinder in einen Stuhlkreis, und zwar so dicht, dass sie ihre linke Hand auf das rechte Knie ihres linken Nachbarn legen können und die rechte Hand auf das linke Knie des rechten Nachbarn. Verstanden? Das ist der Ausgangspunkt für das Spiel.
Die ausgewählte Richtung ist der Uhrzeigersinn. Die Kursleiterin beginnt. Es wird der Reihe nach mit der Hand einmal geklopft. Das ist nicht so einfach, wie es sich anhört. Leicht wird die Hand des Nachbarn übersehen, die in der Reihe vor einem liegt. Haben es alle verstanden, wird noch eine Variante eingebaut. Man hat die Möglichkeit zweimal kurz hintereinander zu klopfen. Dann ändert sich die Richtung und der vorherige Nachbar ist wieder an der Reihe.
Hat jemand falsch geklopft, so muss er seine Hand aus dem Spielgeschehen nehmen. Gewonnen hat derjenige, dessen Hand als letzte noch im Spiel ist. Dieses Spiel erfordert eine hohe Konzentration, bereitet aber viel Spaß.

Die Maus im Käsehaus

Materialien

Schere, Kleber, eine Briefklammer mit rundem Kopf, ein Bogen Fotokarton, Vorlage: Maus und Käsehaus

Ablauf

Die Maus wird in das Käsehaus gesteckt, die der Zauberer mit einer Briefklammer verschließt. Sie ist eingesperrt. Beim zweiten Hineinschieben wird ein Zauberspruch gesprochen. Nun kann man die Maus herausziehen, obwohl abgeschlossen ist.

Abb. 15

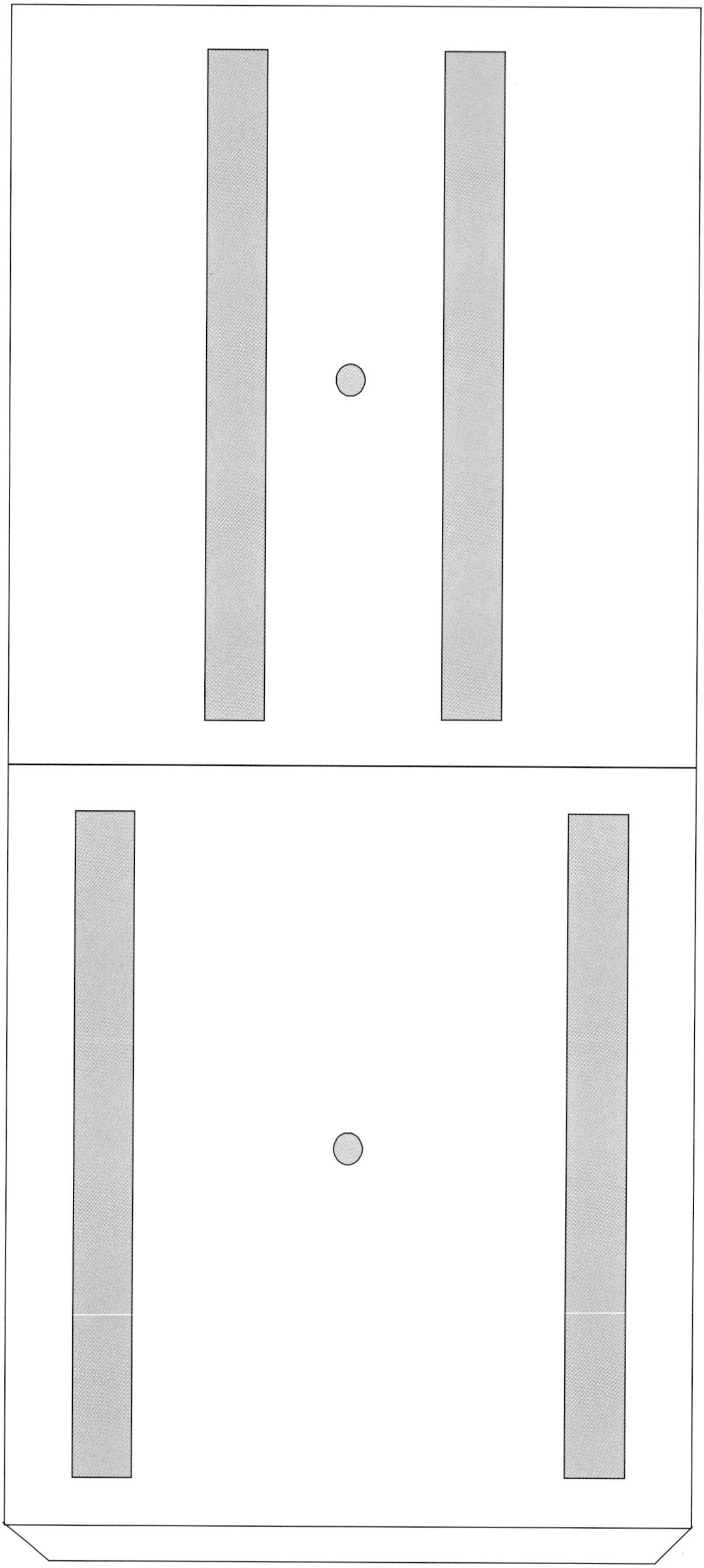

Abb. 16

Erklärung

Schneiden Sie die Mausvorlage (Abb. 15) aus und kleben Sie sie auf den Bogen Fotokarton, damit sie haltbarer wird und besser zu hantieren ist. Für die Kinder ist es eine besondere Freude, die Maus anzumalen.
Das Käsehaus (Abb. 16) kleben Sie ebenfalls auf den Fotokarton und schneiden es aus. Ebenso die schraffierten Flächen, sowie die Kreise in der Mitte. Achtung! Die Klebefläche darf nicht aus Versehen mit abgeschnitten werden.
Nun falten Sie das Käsehaus (Abb. 16) entlang der Mittellinie nach innen. Die Klebefläche ebenfalls. Die Außenseite der Klebefläche bestreichen Sie mit Kleber, und das Käsehaus kleben Sie zusammen. Es entsteht eine Tasche, die an zwei Seiten offen ist. Die Löcher in der Mitte müssen übereinander liegen.
Die Maus wird so in das Käsehaus gegeben, dass sie an der Vorderseite herausschaut. Die Vorderseite ist die Seite, an der die Schlitze weiter auseinander liegen.
Die Maus wird durch den ersten Schlitz der Vorderseite hindurchgeschoben (Abb. 17). Sie kommt aus dem ersten Schlitz der Rückseite wieder heraus. Durch den zweiten Schlitz der Rückseite wird sie wieder hineingeschoben (Abb. 18), so dass sie dann aus dem zweiten Schlitz der Vorderseite wieder herausschaut. Die Löcher von Maus und Käsehaus liegen übereinander, damit die Briefklammer hindurchpasst.

Vorderseite
(aus der Sicht des Publikums)

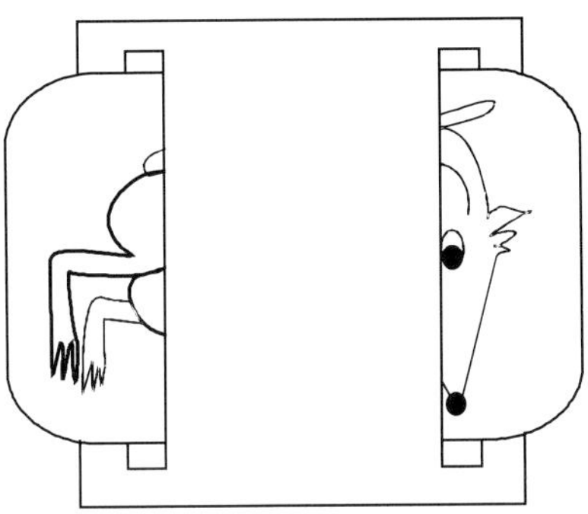

Abb. 17

Rückseite
(aus der Sicht des Zauberers)

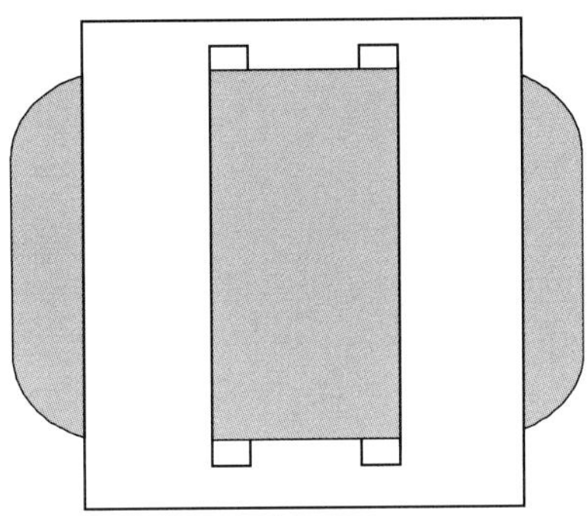

Abb. 18

Vorführung
Der Zauberer kommt auf die Bühne, stellt sich vor und erzählt eine Geschichte.

Es war einmal eine Maus, die hieß Fridolin. Fridolin lebte auf einem Bauernhof (zeigt die Maus dem Publikum) Dort gab es eine Käsekammer (zeigt die Käsekammer). Eines Tages öffnete der Bauer die Tür zur Käsekammer. Da Fridolin so gerne Käse aß, huschte er durch den offenen Spalt hinein (steckt die Maus durch die Schlitze in die Kammer. Abb. 17 +18). Als der Bauer die Käsekammer verließ, schloss er die Tür hinter sich zu (steckt Briefklammer von der Vorderseite hinein, so dass die beiden Enden auf der Rückseite herausschauen und umklappen). Fridolin war in der Käsekammer gefangen (rüttelt an Maus). Nun war ihm auch noch der Appetit vergangen. Erst am nächsten Morgen öffnete der Bauer wieder die Tür und Fridolin konnte entfliehen (öffnet die Kammer und zieht die Maus heraus). Das soll mir nicht noch mal passieren, murmelte Fridolin. Er ging nach Hause in sein Mauseloch und blätterte in einem Zauberbuch, das seinem Großvater gehörte.
Er las in dem Kapitel nach „Wie öffnet man eine verschlossene Tür?" Dort stand folgender Zauberspruch beschrieben „Sesam öffne Dich!" Damit wollte er es versuchen. Als der Bauer wieder einmal die Tür zur Käsekammer öffnete, huschte Fridolin durch den Türspalt ins innere (Maus hineinschieben). Der Bauer nahm den Käse, den er brauchte, ging nach draußen und verschloss die Tür (die Briefklammer von der Rückseite durch die Kammer stecken. Der Kopf der Klammer ist kleiner als das Loch der Maus. So kann die Klammer durch die Maus hindurchrutschen, und die Maus ist wieder frei). Fridolin aß soviel Käse, bis er nicht mehr konnte. Als er satt war, stellte er sich vor die Tür und sprach „ Sesam öffne Dich!" (Die Maus mit dem Daumen ein Stück anheben, dies ist von den Zuschauern nicht zu sehen. Die Maus seitlich herausziehen).
Fridolin konnte durch die Tür verschwinden, obwohl sie verschlossen war (Käsekammer vorzeigen).

Die Kinder merken sich den Rahmen der Geschichte und können sie sehr schnell mit eigenen Worten wiedergeben. Üben sollte man den Ablauf des Tricks im Kreis mit allen Kindern Schritt für Schritt, bis alle ihn verstanden haben.

Assistenten auf der Bühne

Ein wichtiger Faktor für die Vorstellung sind Assistenten aus dem Publikum. Sie bringen Abwechslung in das Geschehen und sind oft der Anlass für einen Zwischenapplaus. Man bedenke, dass Assistenten nicht gewöhnt sind, vor Zuschauern auf der Bühne zu stehen. Fragt der Zauberer „Und nun brauche ich einen Assistenten oder eine Assistentin", kommt es vor, dass sich Kinder nicht freiwillig melden. Findet sich jemand, bittet man ihn zu sich zu kommen. Findet sich niemand, wird jemand, der angemessen erscheint, ausgewählt und zu sich gebeten. Man achtet darauf, dass er oder sie nicht mit dem Rücken zum Publikum steht. Sollte dies der Fall sein, bittet man ihn höflich sich umzudrehen, gibt ihm die Hand und fragt ihn nach seinem Namen. Er wird vorgestellt, und der Zauberer bittet um einen großen Applaus, der gerne vom Publikum gegeben wird.

Stets sollte der Assistent der Sieger sein. Die Aufgaben die man ihm erteilt, sollten leicht zu lösen sein, damit er locker bleibt und sich nicht fürchtet. Ist der Assistent noch sehr jung, sorgt er oft durch seine Art für kleine Lacher und erhöht die Aufmerksamkeit des Publikums. Man muss nur darauf achten, dass er auch den Ablauf des Tricks versteht. Er sollte höflich behandelt werden, um ihm die Angst zu nehmen und um zukünftigen Assistenten zu zeigen, dass es Spaß macht auf der Bühne zu stehen.

Ein Vorschlag ist, dem Assistenten eine Belohnung zu geben, dafür dass er geholfen hat, z. B. einen Zaubertaler aus Schokolade.

Es sollte kein Witz auf Kosten der Assistenten ablaufen, sonst wären sie mit Sicherheit das letzte Mal Assistenten gewesen.

Beim Einüben der Tricks gehört der Umgang mit Assistenten auf jeden Fall dazu. Ist der Trick zu Ende und hat der Assistent seine Aufgabe erfüllt, bedankt man sich bei ihm, bittet ihn wieder Platz zu nehmen, und er empfängt natürlich noch einmal einen großen Applaus. Danach verbeugt sich der Zauberer und fährt im Programm fort.

Vier-As-Trick

Materialien

Ein Riesenkartenspiel mit 32 Blatt, ein Tischkartenständer, ein Tisch

In den Zauberläden gibt es Riesenkartenspiele. Sie sind 18 cm x 12 cm groß. Auf der Bühne sind die Kartenwerte für eine große Zuschauermenge gut zu sehen. Baut man sich noch einen Kartenständer, ist der Trick perfekt.

Anleitung für den Kartenständer

Abb. 19

Es ist am einfachsten den Kartenständer aus Pappe zu bauen. Suchen Sie sich einen geeigneten Pappkarton mit ca. 63 cm Breite. Ergattern Sie einen sehr hohen Karton, können Sie den Ständer aus einem Stück bauen. Sie brauchen dann ein Kartonstück von 63 cm x 63 cm Größe. Ist Ihre Errungenschaft kleiner, bauen Sie den Ständer aus zwei Teilen.
Die folgende Anleitung erklärt den Bau des Kartenständers aus zwei Teilen. Hinzu gerechnet werden müssen 4 cm Klebefläche.
Der Ständer ist so groß, dass vier Kartenhaufen nebeneinander Platz finden. An der unteren Vorderseite ist eine kleine Leiste angebracht, auf der die Karten liegen (Abb. 19). Sie können durch die Schräglage des Ständers nicht herunterrutschen.
Die Vorderseite von Teil 1 beträgt 63 cm Breite und 23 cm Höhe. Die Leiste an der Vorderseite ist 4 cm breit. An der linken und rechten Unterseite ist ein kleiner dreieckiger Halter von je 4 cm Breite angebracht (Abb. 20, C + E), damit der Vorbau nicht abknickt. Die Dreiecke werden mit ausgeschnitten. Dies ergibt also eine Gesamtbreite von 71 cm.

1. Teil: Vorderseite

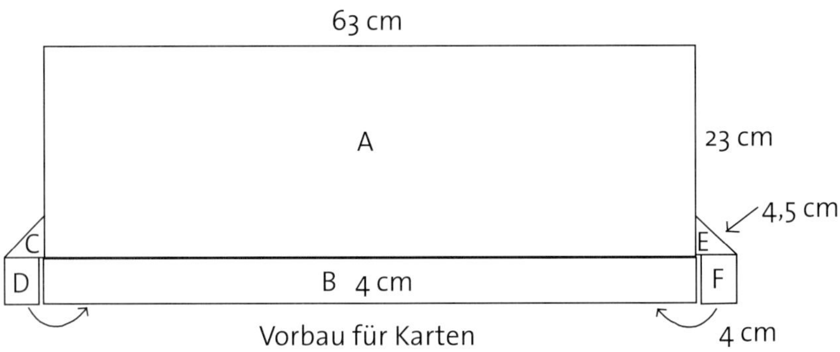

Abb. 20

Die Rechtecke D + F dienen als Klebefläche, um die Dreiecke C + E mit der Leiste B zu verbinden (Abb. 20). Knicken Sie die Dreiecke C + E nach vorne und die Vierecke D nach rechts und F nach links und B nach vorn. Betupfen Sie die untere Seite der Vierecke mit Kleber und kleben Sie sie auf die Leiste B (Siehe Abb. 22).

2. Teil

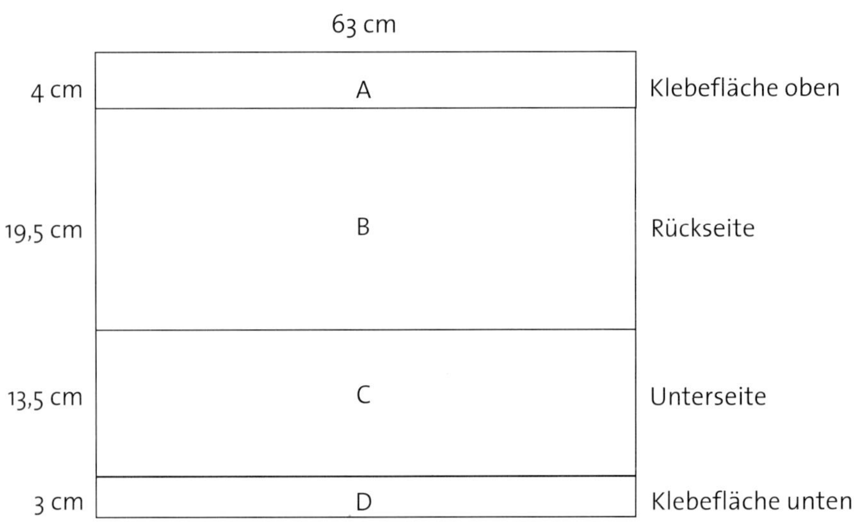

Abb. 21

Der zweite Teil ist 63 cm breit und 40 cm hoch (Abb. 21). Von dem zweiten Teil knicken Sie die Klebefläche 4 cm nach vorne. Die Rückseite ist 19,5 cm hoch und ragt senkrecht nach unten (Abb. 22).Knicken Sie die Unterseite, die 13,5 cm lang ist, nach vorne. Die letzten 3 cm ergeben die Klebefläche für die Verbindung mit der Vorderseite. Kleben Sie die obere Klebefläche an die hintere obere Seite der Vorderseite des Teil 1. Genauso verfahren Sie mit der unteren Klebefläche, die Sie an die untere Seite des Teil 1 kleben (Abb. 22).

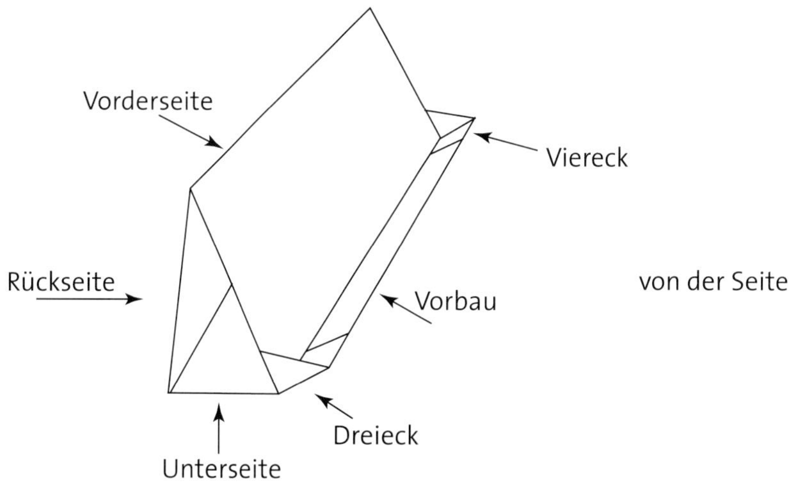

Abb. 22

Fertig ist der komplette Ständer, den Sie nun mit DC-Fix bekleben können. Es gibt sehr schöne Glitzerfolie in Gold oder Silber. Oder nehmen Sie einfach schlichte schwarze Folie. Am einfachsten ist es, den Ständer anzumalen. Die Mühe lohnt sich auf jeden Fall. Nun kann der Trick beginnen:

Ablauf

Das Kartenspiel wird verdeckt hochkant auf den Ständer gelegt. Ein Assistent hebt dreimal den Kartenstapel ab und bildet vier Haufen. Nun werden die obersten Karten von einem Stapel zum anderen verteilt. Danach liegt auf jedem Stapel ein As obenauf, ohne dass der Zauberer die Karten berührt hat und der Assistent frei nach seinem Willen abgehoben hat.

Erklärung

Der Kartenstapel wird so präpariert, dass alle 4 Asse am Anfang verdeckt oben auf dem Stapel liegen. Das Kartenspiel liegt auf dem Ständer.
Der Zauberer begrüßt das Publikum, stellt sich vor und bittet einen der Zuschauer zu ihm zu kommen. Er bittet den Assistenten, die Hälfte des Kartenspiels abzuheben und lässt ihn neben den ersten Stapel legen (Abb. 23).
Der Zauberer muss sich lediglich merken, auf welchem Stapel die vier Asse liegen.

Der Assistent wird wiederum gebeten, von dem linken Stapel die Hälfte abzuheben und links daneben zu legen. Als nächstes von dem rechten Stapel (Abb. 23), so dass vier Haufen entstehen (Abb. 24).

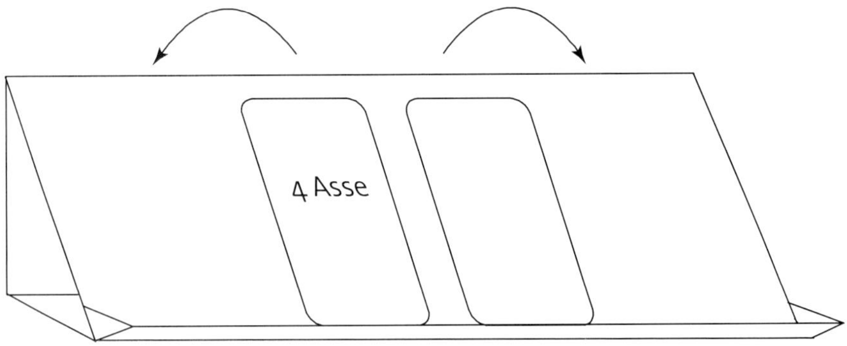

Abb. 23

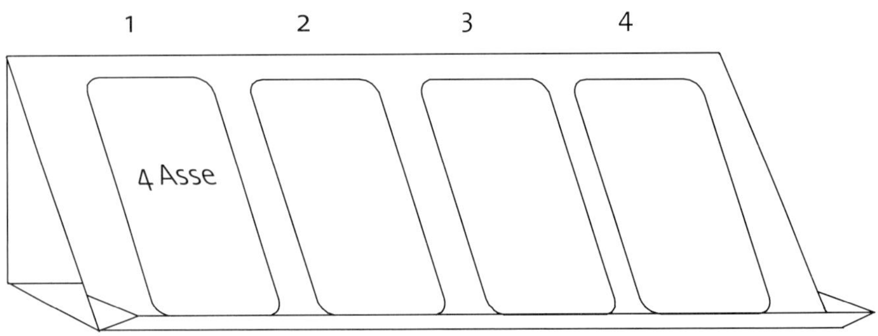

Abb. 24

Mit den Stapeln 2, 3 und 4 kann man nun hantieren wie man will. Z. B. kann man die obersten drei Karten des zweiten Stapels auf den vierten Stapel legen lassen, dann die obersten zwei Karten vom dritten Stapel auf den zweiten.

Allzu lange sollte das Spielchen nicht getrieben werden, da sonst dem Publikum langweilig wird. Wir kommen zum Wesentlichen. Nun legt man z. B. zwei Karten von dem Asse-Stapel auf den dritten Stapel. Der Assistent kann noch einmal z. B. drei Karten vom zweiten Stapel auf den vierten legen. An der Position der Asse hat sich nichts geändert. Zwei liegen auf dem ersten Stapel und zwei auf dem dritten. Nun lässt man jeweils eine Karte vom dritten Stapel auf den zweiten legen und eine Karte vom ersten Stapel auf den vierten. Alle vier Asse sind jetzt gleichmäßig verteilt. Auf jedem Stapel liegt nun ein As obenauf.

Diese Reihenfolge des Abhebens ist nur ein Beispiel. Der Zauberer kann sich selbstverständlich seine eigene Reihenfolge ausdenken. Wichtig ist nur, dass er sich die Position der Asse merkt, alles andere ist reine Ablenkung.
Zum Schluss soll der Assistent die Karten umdrehen und sich davon überzeugen, dass überall ein As liegt. Die Zuschauer dürfen mitzählen.

3. Einheit: Die Spannung steigt!

Die Schwerterkiste

Da die Kinder bereits einige Grundlagen der Zauberei kennen gelernt haben, können wir nun zu einem Höhepunkt gelangen. Zur Schwerterkiste! Sie wird oft zum Lieblingstrick vieler Kinder.

Materialien
Man wählt eine große Kiste von einem Fernseher oder einem Kühlschrank aus. Breite ca. 60 cm und Höhe ca. 80 cm, 11 Stäbe, Farbe, Pinsel

Ablauf
Ein Kind setzt sich in die Zauberkiste. Der Zauberer verschließt die Kiste und schiebt elf Stäbe durch die Kiste. Nachdem er die Stäbe wieder herauszieht, erscheint das Kind. Es ist (selbstverständlich) unversehrt.

Erklärung
Bevor die Kiste angemalt wird, sollten die Löcher für die Stäbe bereits vorhanden sein. Die Löcher werden folgendermaßen in Würfelform angebracht. Jeweils fünf Löcher auf der linken Seite und parallel gegenüber fünf Löcher auf der rechten Seite. Fünf Löcher auf der hinteren und fünf Löcher auf der vorderen Seite. Die Löcher auf der Vorder- und Rückseite sollten etwas tiefer angebracht sein als an den Seiten, damit die Stäbe aneinander vorbei geführt werden. Zu guter Letzt fehlt noch ein Stab auf der Oberseite (Abb. 25).

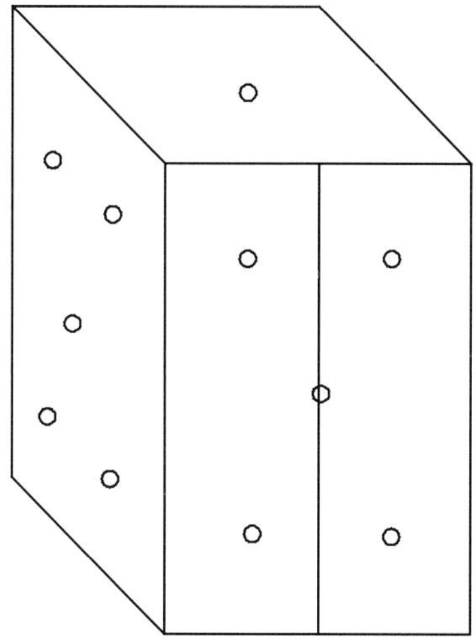

Abb. 25

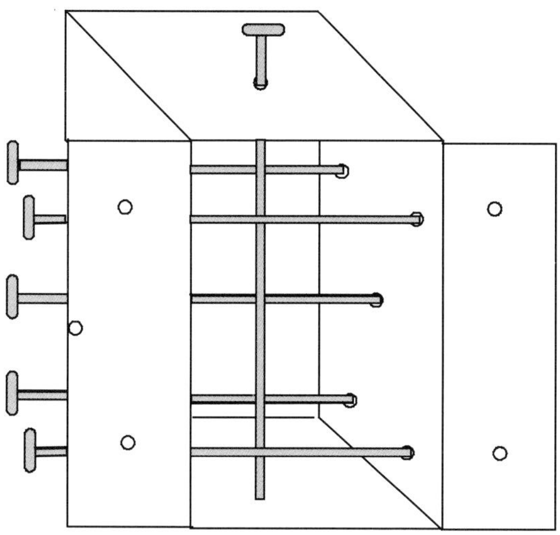

Abb. 26

Die Stäbe können z. B. aus alten Hockeyschlägern bestehen oder aus Besenstielen, die silberfarben angestrichen sind. Sie sollten mindestens 1 m lang sein, damit sie auf beiden Seiten der Kiste ca. 20 cm herausschauen.
Nun können die Kinder die Kiste anmalen. Sie nehmen am besten Fingermalfarben dazu. Die Makulaturrolle dient vorzüglich zum Unterlegen, damit keine Farbe auf den Boden tropft.
Die Kiste sollte zu Beginn des Kurses angemalt werden, da es doch etwas Zeit benötigt, bis die Farbe trocknet.

Vorführung
Die Schwerterkiste steht hochkant, mit der Öffnung zu den Zuschauern gerichtet, auf der Bühne. Die vorderen Klappen dienen als Türen und sind geschlossen. Daneben steht eine alte Waschtrommel, hübsch angemalt oder beklebt, in der die Stäbe, Entschuldigung, die Schwerter stehen. Am wirkungsvollsten wird dieser Trick mit stimmungsvoller Musik vorgeführt, die die Spannung ungemein erhöht. Bewährt haben sich von der CD Klangzauber die Lieder „Also sprach Zarathustra" von Strauß oder „Badinery" von Bach.
Als Darsteller werden drei Kinder gebraucht. Ein Kind spielt den Zauberer. Ein anderes stellt den Assistenten dar, der in die Kiste steigt und durchbohrt wird. Das dritte Kind reicht die Stäbe an und steht dem Zauberer hilfreich zur Seite.
Der Zauberer kommt auf die Bühne, gefolgt von seinen zwei Assistenten. Er stellt erst seine beiden Assistenten vor und danach sich selber. Er erklärt kurz, dass sein Assistent in die Kiste steigen wird. Als nächstes wird die Musik angestellt. Spannungsvoll werden die Schwerter in die Kiste geschoben, eins nach dem anderen. Der Zauberer schiebt sie zuerst von der Vorderseite hinein, damit die Türen geschlossen bleiben, dann von der Seite und zum Schluss von oben. Der Assistent im Inneren der Kiste hilft mit, dass die Schwerter auf den gegenüberliegenden Löchern wieder herausgeschoben werden. Für ihn bleibt in der Kiste genügend Platz, um zwischen den Stäben zu sitzen. Er muss sich höchstens ein bisschen verrenken und schräg setzen, wenn die mittleren Stäbe durchgestoßen werden. Aus der Sicht des Publikums sieht es allerdings viel dramatischer aus. Es wirkt, als ob die Person tatsächlich durchstochen wird. Damit das Publikum überzeugt ist, dass alle Schwerter durchgestoßen sind, wird die Kiste nun um 360 Grad gedreht. Die Musik wird leise gestellt, damit der Zauberer etwas sagen kann. „Damit sie sehen, dass mein Assistent (Name) noch in der Kiste ist, wird er seine Hand herausstrecken und ihnen mit einem Tuch zuwinken." Der Assistent tut, wie ihm geheißen.
Nun werden die Stäbe einer nach dem anderen wieder in umgekehrter Reihenfolge herausgezogen. Erst der oberste, danach die von der Seite und zum Schluss die vorderen. Während des tosenden Applauses springt der Assistent aus der Kiste hervor und präsentiert sich, indem er beide Arme ausbreitet. Die beiden anderen stellen sich links und rechts neben ihn, und alle drei verbeugen sich.
Die Kinder lieben diesen Trick und können es gar nicht abwarten, bis sie an der Reihe sind, um ihn einmal vorführen zu dürfen. Vor allen Dingen durch

die Musik sind sie hellauf begeistert. Bilden Sie Dreiergruppen, die eine nach der anderen den Trick ausprobieren dürfen. Die Kinder verstehen sehr schnell den Ablauf, so können alle ihn ausprobieren. Während eine Gruppe ihn vorführt, spielen die anderen Kinder das Publikum und können im Takt mitklatschen. So sind alle Teilnehmer miteinbezogen und es wird niemandem langweilig, den Ablauf mehrere Male hintereinander zu sehen.

Ein Tuch erscheint auf einem Seil

Auch ein Seiltrick sollte in einer Zaubervorstellung nicht fehlen. Auf der Bühne mit Farben zu arbeiten bietet einen schönen Anblick für die Zuschauer. Es werden mehrere unterschiedliche Gegenstände miteinander verbunden; hierzu bieten sich Tücher und Seile an. Geeignet sind Seile in unterschiedlichen Farben, die die Aufmerksamkeit des Publikums auf sich ziehen. Benutzen kann man Tücher aus Polyester. Futterstoff bietet sich an. Die Zauberer arbeiten am liebsten mit Seide, da sie sich sehr klein zusammenknüllen lässt, ohne dass sie faltig wirkt und man sie daher aus allen möglichen Ecken hervorzaubern kann. So auch bei diesem Trick.
Wählen Sie also einen Stoff aus, der sich gut zusammenlegen lässt.

Materialien

Seil ca. 1,20 m lang, Tuch ca. 25 cm x 25 cm

Ablauf

Der Zauberer kommt mit einem Seil auf die Bühne. Er hält das Seil in seiner Hand. Er knüpft einen Knoten hinein. Schwuppdiwupp erscheint aus dem Nichts ein buntes Tuch in dem Knoten des Seiles.

Erklärung

Das Seil wird vor der Vorstellung präpariert. Das Tuch wird in der Mitte auf das Seil geknotet. Bitte nicht zu fest, es muss noch leicht hin und her zu schieben sein.
Das Tuch wird ganz klein zusammengeknüllt und in der linken Hand verstaut. Das Seil liegt über der Hand. Der Handrücken zeigt zum Publikum. So ist das Tuch von den Zuschauern aus nicht zu sehen.

Vorbereitung

Wenn Sie den Stoff in Meterware besorgt haben, schneiden Sie ihn mit Hilfe der Kinder in kleine rechteckige Tücher. Wenn Sie eine Zick-Zack Schere benutzen, kann der Rand nicht so leicht ausfransen.

Eine Größe von ca. 25 cm x 25 cm ist angebracht. Das richtet sich jedoch nach der Größe der Hände der Kinder. Sie können die Tücher kleiner oder größer schneiden.

Auch das Seil bedarf einer gesonderten Betrachtung. Es gibt viele Sorten von Seilen. Die Zauberer benutzen am liebsten die geschmeidigen Baumwollseile, die es in den Zauberläden zu kaufen gibt. Für unsere Zwecke reicht ein Polyesterseil aus, das es in Bauläden in Meterware gibt.
Schneiden Sie mit den Kindern das Seil in der entsprechenden Länge zu, sodass jedes Kind ein Seil zum Üben erhält. Eine Größe von ca. 1,20 m Länge ist angebracht.
Damit die Seile nicht ausfransen, werden sie extra behandelt. Geben Sie etwas Klebstoff auf die Enden. Wenn sie getrocknet sind, können Sie die Enden mit Isolierband umwickeln und fixieren. Dieses Seil ist dann haltbar und steht für mehrere Übungseinheiten und Vorstellungen zur Verfügung.

Vorführung
Der Zauberer kommt auf die Bühne. Er hält in seiner linken Hand das Seil fest. Die Seilenden hängen links und rechts neben der Hand herunter. In der Hand ist das Tuch verborgen.
Der Zauberer stellt sich, wenn nötig, dem Publikum vor. Er zieht das Seil durch seine Hand hin und her. Dadurch wird dem Publikum deutlich, dass sich nichts Ungewöhnliches an dem Seil befindet. Das Tuch bleibt dabei in der Hand verborgen und wird mit über das Seil gezogen.
Mit der anderen Hand wird ein Knoten in das Seil geschlagen. Während der Knoten schnell zugezogen wird, lässt der Zauberer das Tuch los und es erscheint wie aus dem Nichts in dem Knoten des Seiles. Dies ist ein Applaus wert. Der Zauberer präsentiert das Tuch und verbeugt sich. Dieser Trick kann entweder mit Musik oder mit begleitendem Text vorgeführt werden.

Tipp
Dieser Trick kann auch mit dem Trick „Verwandlung eines Tuches in einen Ball“ kombiniert werden. Zuerst wird das Tuch in dem Ball weggezaubert, um es dann an dem Seil erscheinen zu lassen.

Die Ringbefreiung oder Die große Entfesselung

Dieser Trick kann in zwei verschiedenen Versionen vorgeführt werden. Bei der ersten Version werden ein Tuch und ein Ring von einem verknoteten Seil befreit.
Bei der zweiten Version wird ein gefesselter Assistent befreit.
Die Seile werden, wie bei dem Trick „Ein Tuch erscheint auf einem Seil" behandelt, um sie haltbarer zu machen.

1. Version: Die Ringbefreiung

Materialien
2 Seile je ca. 2,50 m lang, Bindfaden in der Farbe des Seiles, Tuch ca. 80 cm x 80 cm, Ring von z. B. einem Wurfspiel

Darsteller
ein Zauberer, 2 Assistenten aus dem Publikum

Effekt
Ein Ring und ein Tuch werden auf die zwei Seile geknotet. Die Seilenden werden den Assistenten zum Halten in die Hände gegeben. Nach einem Ruck sind die Gegenstände befreit und fallen zu Boden.

Erklärung
Die Seile werden vor der Vorführung präpariert. Sie werden mit einem Stück Bindfaden zusammengebunden. Das geht folgendermaßen:
Die Mitten der Seile werden aneinandergelegt und mit dem Bindfaden zusammengebunden.

Abb. 27

1. Der Zauberer betritt mit den präparierten Seilen die Bühne. Er hält es so fest, dass die präparierte Mitte der Seile in seiner Faust verschwindet.
2. Über die präparierte Stelle wird der Ring gelegt und dann das Tuch gebunden und verknotet.
   Die Enden werden von den beiden Assistenten festgehalten. Jeder Assistent hält die Enden eines Seiles fest. Sie und das Publikum

haben aber den Eindruck, dass sie von jedem der beiden Seile ein Ende festhalten und die Seile parallel gespannt sind. Das ist die Illusion.

3. Es wird nun in zwei Seilenden ein Knoten gemacht. Der Zauberer lässt sich dafür von jedem Assistenten ein Seilende geben. Nachdem der Knoten fertig ist, werden die Seilenden vertauscht und jeder Assistent erhält das Seilende seines Gegenübers. Dies erfordert etwas Konzentration. Jetzt hält jeder Assistent von jedem Seil ein Ende in den Händen.
4. Die Assistenten werden aufgefordert fest zu ziehen. Dabei zerreißt der Bindfaden. Der Knoten löst sich und der Ring und das Tuch fallen automatisch zu Boden.

Vorführung

Der Zauberer kommt auf die Bühne. In seiner Hand hält er die zwei präparierten Seile. Die Stelle mit dem Bindfaden hält er in der Faust verdeckt. Er stellt sich vor. Er bittet zwei Assistenten aus dem Publikum, zu sich auf die Bühne zu kommen. Er stellt sie vor und bittet um einen Applaus.
Der Zauberer steht hinter den Seilen. Jedem Assistenten gibt er zwei Seilenden zum Festhalten. Die Seile werden leicht gespannt. Die präparierte Stelle hält der Zauberer selbst fest. Nun gibt er den Ring über die Seile, sodass er über der Stelle mit dem Bindfaden hängt und sie abdeckt. Zu guter Letzt wird das Tuch darüber geknotet. Die präparierte Stelle ist jetzt nicht mehr sichtbar. Der Zauberer kann die Seile beruhigt loslassen.
Er nimmt von jedem Assistenten ein Seilende und knüpft einen Knoten hinein. Er vertauscht die Seilenden und gibt jedem Assistenten das andere Seilende zurück. Die Assistenten ziehen die Seile stramm, währenddessen spricht der Magier einen Zauberspruch und macht eine magische Bewegung mit dem Zauberstab. Auf sein Kommando ziehen die beiden Helfer kräftig an den Seilen. Der Bindfaden zerreißt und die Gegenstände fallen auf magische Weise zu Boden.
Der Zauberer präsentiert die Befreiung. Dann bedankt er sich bei seinen Assistenten und verabschiedet sie. Er verbeugt sich und geht ebenfalls ab.

2. Version: Die große Entfesselung

Materialien

Jacke, 2 Seile, Bindfaden

Darsteller

ein Zauberer mit Assistent, 2 Assistenten aus dem Publikum

Effekt
Bei dieser Version wird ein Assistent gefesselt und befreit.

Erklärung
Die Seile werden, wie in der vorigen Version beschrieben, mit dem Bindfaden präpariert.
Der Assistent hat eine leichte, kurze Jacke an, die er auf der Bühne auszieht. Durch jeden Ärmel werden zwei Seilenden gesteckt. Der Assistent zieht seine Jacke wieder an. Die Seilenden werden von den beiden Assistenten aus dem Publikum festgehalten.
Der Zauberer nimmt von jedem Assistenten ein Seilende und verknotet sie auf dem Rücken seines Assistenten. Der verschränkt dabei die Arme auf dem Rücken. Die Seilenden werden vertauscht und den Assistenten zum Festhalten zurückgegeben.
Auf das Kommando des Zauberers hin ziehen sie daran. Der Bindfaden zerreißt und der Assistent ist befreit.

Vorführung
Der Zauberer kommt mit seinem Assistenten auf die Bühne. Er hält die beiden präparierten Seile fest. Er lädt zwei Zuschauer aus dem Publikum als Helfer zu sich auf die Bühne ein.
Er bittet seinen Assistenten die Jacke auszuziehen. Er führt die Seile durch die Ärmel der Jacke durch. Der Assistent zieht die Jacke wieder an und stellt sich mit dem Rücken zum Publikum auf. Der Zauberer verknotet zwei Seilenden einmal miteinander.
Der Assistent verschränkt die Arme auf dem Rücken, so sieht es aus, als ob er gefesselt sei.
Die zwei Assistenten aus dem Publikum wechseln ihre Plätze, damit der gefesselte Assistent mit dem Gesicht zum Publikum steht.
Der Zauberer gibt Anweisung, spricht einen Zauberspruch und macht eine magische Bewegung mit dem Zauberstab. Die Assistenten ziehen an den Seilen. Der Bindfaden zerreißt. Der Knoten löst sich und der Assistent ist befreit. Die Seile sind unversehrt.
Der Zauberer verabschiedet seine Assistenten. Alle verbeugen sich.

Die restaurierte Schnur

Materialien
1 Schnur ca. 80 cm lang, Schere

Darsteller
ein Zauberer, 1 Assistent aus dem Publikum

Effekt
Eine Schnur wird zur Schlinge verknotet, doppelt gelegt und zerschnitten. Es entstehen zwei Schnüre. Zwei Enden bekommt der Assistent und zwei Enden der Zauberer. Jeder steckt die Enden in den Mund. Der Zauberer streicht mit seinen Fingern über die Schnüre. Der Assistent wiederholt es. Die Stelle des Zauberers ist wieder ganz gezaubert. Nur die Stelle des Assistenten ist noch entzwei.

Erklärung
Nehmen Sie eine Schnur. Am Besten geeignet ist eine Baumwollschnur, wie sie z. B. für das Häkeln von Topflappen benutzt wird.

1. Die beiden Enden werden miteinander verknotet, sodass eine Schlinge entsteht.
2. Legen Sie sie über ihre Hände und drehen sie zweimal, sodass sich die Schnur in der Mitte zweimal überschneidet. Die Schnur sieht aus wie eine 8.

Abb. 28

3. Die beiden Schlingen werden übereinander gelegt. An der Überschneidung befinden sich zwei Schlaufen. Die eine Schlaufe wird direkt ca. 1 cm hinter der Überschneidung durchgeschnitten. Es entstehen eine lange Schnur und eine kurze. Die kurze ist über die Mitte der langen Schnur herumgelegt. Das darf nicht vom Publikum gesehen werden.

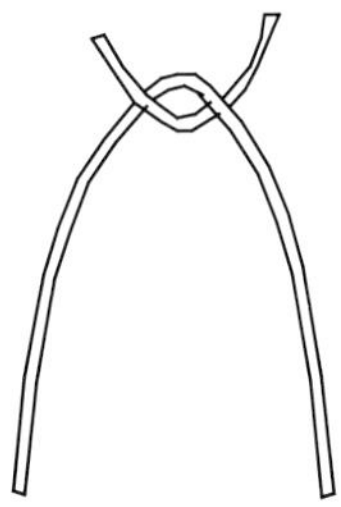

Abb. 29

4. Legen Sie die Stelle zwischen Daumen und Zeigefinger. Für die Zuschauer sieht es so aus, als ob Sie zwei gleichlange Schnüre in der Hand hielten.
5. Das kurze Ende nimmt der Zauberer in den Mund, hält es aber immer noch mit den Fingern fest. Die anderen beiden Enden nimmt der Assistent in den Mund.
6. Der Zauberer streicht mit den Fingern der anderen Hand darüber und spricht einen Zauberspruch. Während der Assistent den Zauberspruch spricht, zieht er mit den Zähnen das kurze Stück in den Mund hinein und versteckt es in der Wange. Man kann sprechen während die Schnur sich im Mund befindet, ohne dass jemand etwas merkt.
7. Wenn beide fertig gesprochen haben präsentiert der Zauberer seine restaurierte Schnur.
8. Nach dem Trick lässt der Zauberer das Schnurstück unauffällig verschwinden.

Vorführung

Der Zauberer kommt auf die Bühne und bittet einen Zuschauer zu sich. Er stellt sich und den Assistenten vor und bittet um einen Applaus. Er überreicht dem Assistenten eine Kordel zum Untersuchen und lässt ihn die beiden Enden verknoten. Er nimmt die Schnur doppelt und lässt sie von dem Zuschauer durchschneiden, sodass zwei Schnüre entstehen.
Jeder nimmt zwei Schnurenden in den Mund. Der Zauberer streicht mit den Fingern über die Schnüre und spricht den Zauberspruch „ Hokus-Pokus-Fidibus – Dreimal schwarze Katze".
Der Assistent wiederholt die Geste und den Spruch. Die Enden des Zauberers sind ganz gezaubert. Die Enden des Assistenten sind noch entzwei.
Der Zauberer bedankt sich bei dem Helfer, bittet um einen Applaus und verabschiedet den Assistenten. Er verbeugt sich und geht ab.

Spiel: Der Schleißenscheit

Wenn man auf der Bühne steht, ist es wichtig laut und deutlich zu sprechen, damit das Publikum den Darsteller versteht. Schauspieler nehmen Sprechunterricht und sagen Zungenbrecher als Übungen auf, z. B. „Fischer's Fritz fischt frische Fische".

Auch die Zauberlehrlinge bilden da keine Ausnahme. Da es für Kinder sehr langweilig ist, ausgiebige Sprachübungen zu machen, kann das Ganze auch auf spielerische Weise stattfinden. Hierzu ist das Spiel „Der Schleißenscheit" geeignet. Es ist ein Spiel, bei dem es auf genaues Zuhören und genaue Aussprache ankommt. Konzentration und ein gutes Gedächtnis sind ebenso wichtig.

Materialien
1 Bleistift, für jeden Teilnehmer einen Stuhl

Anzahl der Teilnehmer
mindestens zwei, nach oben gibt es keine Begrenzung

Spielort
drin oder draußen

Spielablauf
Sinn des Spieles ist, dass die Kinder der Reihe nach einen Text sprechen, den die Kursleiterin vorspricht. Angefangen wird mit einer Zeile. Pro Runde werden die vorigen Zeilen wiederholt und eine neue Zeile hinzugefügt.
Die Kinder und die Kursleiterin setzen sich in einen Stuhlkreis. Die Kursleiterin hält einen Bleistift hoch und sagt: „Dies ist ein Scheit." Sie gibt ihn dem Kind links neben ihr. Dieses Kind wiederholt den Satz. Dann gibt es den Stift ebenfalls weiter an seinen linken Nachbarn. So geht es reihum, bis der Stift wieder bei der Kursleiterin angelangt ist.
Diese wiederholt den Satz und hängt einen weiteren Satz an. Sie gibt ihn wieder ihrem linken Nachbarn und so fort. Im Folgenden finden Sie den kompletten Text. Viele Kinder können sich den ganzen Text merken.

„Dies ist ein Scheit,
ein Schleißenscheit,
ein wohl geschlissener Schleißenscheit.
Dies schickt mir Frau Heißen aus Meißen.
Sie lässt mir sagen frei, dass ihr Mann wohl der geschickteste Scheitschleißer sei.
Kaum hat er am Morgen einen Happen gebissen,
schon hat er eine Menge Scheitschleiße geschlissen."

Das lustige daran ist, dass beim Versprechen das beliebte Schimpfwort Sch ... dabei heraus kommen kann. Die Kinder strengen sich an, den normalen Text zu sprechen. Sie entwickeln dabei viel Ehrgeiz.
Erklären Sie auch, was die einzelnen Wörter bedeuten. Meißen ist eine bekannte Stadt in Deutschland in der Porzellan hergestellt wird.
Der Duden beschreibt einen Scheit als ein Holzscheit. Es ist ein österreichisches oder schweizerisches Wort.

Die magischen Karten 7 + 8

Es gibt Zauberer die kommen nur mit einem Kartenspiel auf die Bühne und unterhalten ihr Publikum damit den ganzen Abend, ohne dass es langweilig wird. Ein einfacher Kartentrick mit großer verblüffender Wirkung wird im Folgenden erklärt.

Materialien
1 Kartenspiel, Tisch

Darsteller
ein Zauberer, ein Assistent aus dem Publikum

Effekt
Der Zauberer zeigt dem Publikum zwei Karten. Sie werden von einem Assistenten in die Mitte des Kartenstapels gesteckt. Der Zauberer nimmt den Stapel in seine Hand, dabei rutscht dieser nach vorn auf den Tisch und der Zauberer hält die beiden Karten in seiner Hand.

Erklärung
Vor der Vorstellung sucht der Zauberer die zwei Karten Karo Acht und Herz Sieben aus dem Stapel heraus, legt eine auf den Stapel und eine darunter.
Der Zauberer zeigt dem Publikum zwei Karten, Karo Sieben und Herz Acht. Also genau die vertauschten Symbole. Er zeigt sie nur kurz und sagt dabei: „Ich habe hier zwei Karten Sieben und Acht, Herz und Karo." Niemandem fällt die ungewöhnliche Benennung auf.
Nun lässt er sie von seinem Assistenten in den Stapel stecken. Er nimmt den Stapel in seine Hand zwischen Daumen und Finger. So kann er leicht aus der Hand des Zauberers rutschen und auf den Tisch fallen. Wenn ein leichter Druck ausgeübt wird, hält er die oberste und unterste Karte fest und präsentiert sie dem Publikum. Niemand merkt, dass es sich dabei um zwei andere Karten handelt.

Vorbereitung
Die Karten Herz Sieben und Karo Acht unter und auf den Stapel legen.

Vorführung
Der Zauberer kommt mit einem Kartenspiel auf die Bühne. Er bittet einen Assistenten zu sich. Dem Publikum zeigt der Zauberer die Karten Karo Sieben und Herz Acht. Er sagt aber nur Herz und Karo, Sieben und Acht.
Der Assistent steckt die beiden Karten in den Stapel. Der Zauberer lässt den Stapel aus seiner Hand auf den Tisch rutschen und hält die beiden Karten Herz Acht und Karo Sieben hoch.

Der Zauberhut

Material
ein Bogen Fotokarton, Schere, Kleber, Goldfolie, Bleistift, Schnur, Hutgummi, eventuell ein Tucker oder Wäscheklammern

Um die Vorstellung magischer zu gestalten, sollte ein Zauberhut nicht fehlen. Besorgen Sie für jedes Kind einen bunten Fotokarton. Sie bekommen ihn in jedem Bastelgeschäft. Es gibt ihn in der Größe 50 x 70 cm. Verteilen Sie an jedes Kind eine unterschiedliche Farbe, so sind die Hüte leichter auseinander zu halten.
Damit aus dem Bogen ein Hut entsteht muss ein Viertelkreis ausgeschnitten werden, der an beiden Seiten 50 cm lang ist. Den Viertelkreis können Sie am besten mit einem Zirkel aufzeichnen. Falls kein Zirkel zur Hand ist, können Sie selber einen solchen herstellen.
Nehmen Sie einen Bleistift und befestigen an dem unteren Ende ein Stück Schnur, das so lang ist wie das lange Ende des Bogens. Wenn Sie den Bleistift an die untere Ecke des Bogens halten und das andere Ende des Fadens an die obere Ecke, so können Sie einen exakten Viertelkreis zeichnen (Abb. 30).

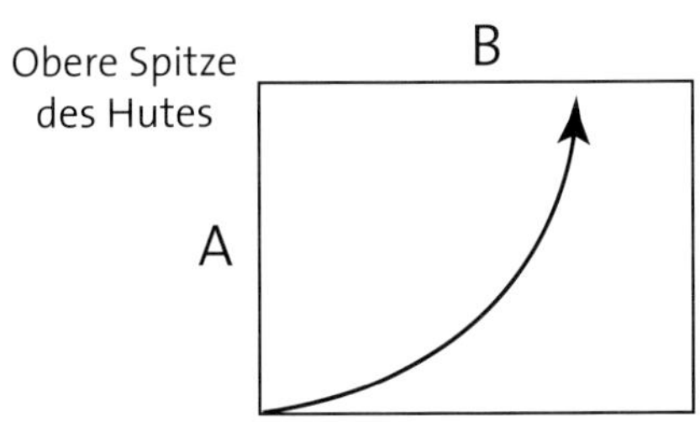

Abb. 30

Die Kinder schneiden den Kreisausschnitt aus.
Wenn Sie die Seiten A + B übereinander halten, können Sie am Kopf des jeweiligen Kindes die Kopfgröße messen und den Hut genau anpassen. Markieren Sie die Stelle. Ziehen Sie einen Strich von der Markierung bis zur oberen Spitze. Diese Fläche können Sie als Klebestelle benutzen. Es entsteht ein spitzer Hut. Halten Sie den Hut mit einer Wäscheklammer zusammen, bis er getrocknet ist, damit er nicht wieder auseinander klafft.

Abb. 31

An zwei Seiten bohrt man je ein Loch in den Karton, durch die ein Hutgummi gezogen und geknotet wird, damit der Hut später nicht vom Kopf rutscht (Abb. 31).
Die Kinder können nun ihre Hüte nach Herzenslust mit Goldfolie bekleben, mit Sternen, Monden oder magischen Dingen bemalen.

Um dem Hut noch eine Krempe zu geben, gehen Sie folgendermaßen vor:
Bevor Sie das Hutgummi befestigen, stellen Sie den Hut auf einen weiteren Fotokarton und zeichnen den Rand nach. Zeichnen Sie im Abstand von 15 cm einen weiteren Kreis. Dies ist die äußere Hutkrempe. In das Innere des Kreises malen Sie im Abstand von 2 cm einen kleineren Kreis.

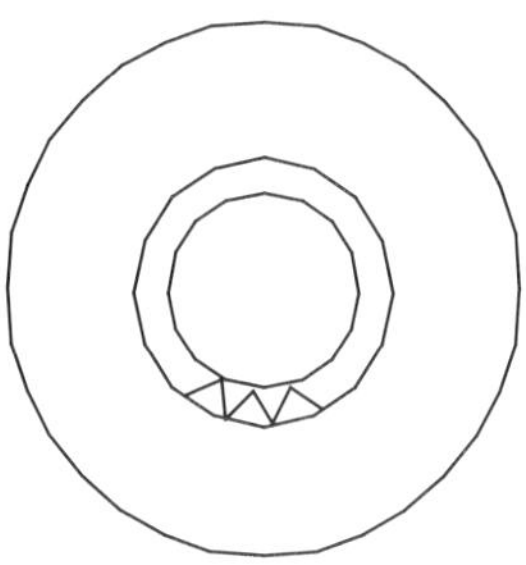

Abb. 31a

Zeichnen Sie in den gesamten schmalen Kreis 2 cm breite Zacken hinein, die zum Kreismittelpunkt zeigen. Sie dienen als Klebefläche. Schneiden Sie die Zacken rundherum aus und knicken Sie sie nach oben.
Geben Sie Klebstoff auf die vordere Seite der Zacken und kleben den Hut darauf, sodass die Zacken im inneren des Hutes festsitzen.
Jetzt ist es ein richtiger Zauberhut.
Jetzt können Sie wie es oben beschrieben ist das Hutgummi befestigen. Bohren Sie dafür 2 kleine Löcher im Abstand von 2 cm auf jede Seite des Hutes und verknoten Sie das Gummi. Jedes Kind schreibt seinen Namen in seinen Hut.

Abb. 31b

Spiel: Schwarze Magie

Dieses Spiel ist immer wieder verblüffend für alle Mitspieler. Es geht hierbei um das Hellsehen. Ein Kind weiß genau, welchen Gegenstand sich die anderen Mitspieler aussuchen.
Die Hellseherin geht vor die Tür, wo sie die anderen nicht hören kann. In der Zwischenzeit wählen die Kinder einen Gegenstand aus, der sich im Raum befindet, z. B. einen blauen Stuhl. Die Hellseherin wird hereingebeten. Die Kursleiterin fragt sie nach mehreren Gegenständen. „Ist es die rote Lampe?" Die Hellseherin verneint dies. „Ist es die schwarze Schachtel?" „Nein." „Ist es der blaue Stuhl?" Die Hellseherin bejaht den Gegenstand.

Auflösung
Bevor der richtige Gegenstand genannt wird, geht ihm immer ein schwarzer Gegenstand voraus. Der darauf folgende Gegenstand ist also der gewählte. Kursleiterin und Hellseherin müssen selbstverständlich in den Trick eingeweiht sein.

Riesenseifenblasen

Zwischen den Zaubereinlagen sorgen Seifenblasen für eine willkommene Abwechslung. Sie regen die Phantasie an und verleiten zum Träumen.
In die Zaubervorstellung mitaufgenommen, entlocken sie dem Publikum Ahs und Ohs. Bekannt geworden sind sie durch den Clown Pic, der mit einer Riesenseifenblasennummer im Zirkus Roncalli auftrat.
Es gibt viele Spielereien mit Seifenblasen. Es lohnt sich sie auszuprobieren, kleine Blasen in große zu integrieren, sie schweben zu lassen oder eine Riesenseifenblase auf die entstandene Membrane auf dem vorher eingetauchten Blasring hüpfen zu lassen. Allein die Riesenseifenblasen als eine Nummer in der Vorstellung nach stimmungsvoller Musik vorgeführt, versetzt das Publikum in eine enthusiastische Stimmung. Als Musik nehme ich stets von der Roncalli-Cassette das Lied Snowpiece.
Mittlerweile gibt es viele fertige Seifenblasenmischungen zu kaufen. Es gibt aber auch die Möglichkeit, die Flüssigkeit und die Utensilien selber herzustellen. Man braucht dazu einen Seifenblasenring, Flüssigkeit und einen passenden Behälter.

Der Seifenblasenring
Dieser Seifenblasenring ist groß genug, um damit auf der Bühne vor mehreren Personen aufzutreten. Er ist gut sichtbar für das Publikum. Bei dieser

Ringgröße braucht man nicht stärker zu pusten. Die Kinder können den Ring einfach durch die Luft bewegen, z. B. von links nach rechts führen und schon können sie beobachten, wie eine Wölbung entsteht und sich daraus eine riesige Seifenblase bildet. Wenn sie zu groß wird, platzt sie leicht, bevor sie vollendet ist. Mit etwas Übung schaffen es die Kinder, die Größe so einzuschätzen, dass die Seifenblase nicht platzt, sondern als Kugel wabernd durch die Lüfte fliegt. Ein kleiner Trick: Um die Blase zu schließen, dreht man einfach den Seifenblasenring.

Materialien
Eimer, ein Bambusstab (erhalten Sie in jedem Bau- und Gartenmarkt), Durchmesser 1 cm, Länge 1 m, Blumendraht, dicker Draht

1. Sie brauchen ca. 61 cm von dem dicken Draht. Knipsen Sie es mit einer Zange ab.
2. Aus dem dicken Draht biegen Sie einen Kreis mit ca. 18 cm Durchmesser. Lassen Sie 3 cm für jedes Ende stehen. Die Enden werden nach unten abgeknickt (Abb. 32) und an den Bambusstab gelegt.
3. Mit Blumendraht wird der Kreis an dem Stab befestigt.
4. Mit zwei Blumendrähten umwickelt man den dicken Draht, beide Drähte jeweils in entgegengesetzte Richtung. Es entsteht dabei ein schlaufenähnliches Gebilde (Abb. 33). Die Enden wickeln Sie um den Stab herum und knipsen sie mit einer Zange ab. Achten Sie darauf, dass sie gut verborgen sind, damit sich niemand verletzen kann.
5. Wird dieser Ring in die Flüssigkeit getaucht, bleibt sie als Oberfläche (Membrane) haften.

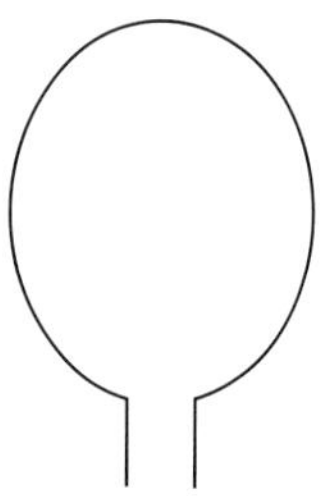

Abb. 32

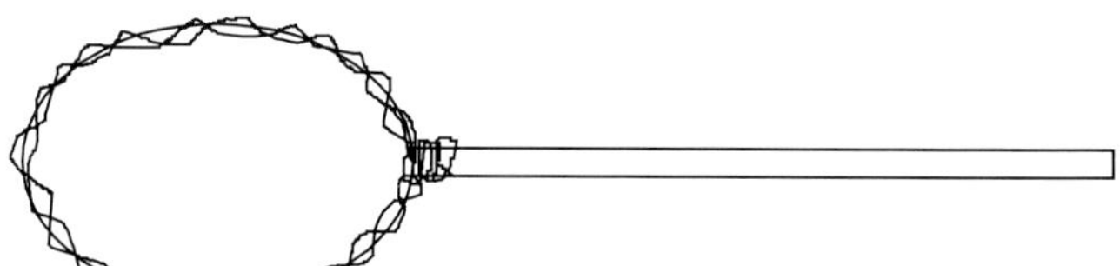

Abb. 33

Das Rezept für die Seifenblasen
3 ½ l Wasser, 375 ml Neutralseife, 250 g Zucker, 20 g Kleisterpulver

So geht's

Die Mischung bitte einen Tag vorher ansetzen. Wichtig ist, sie mehrmals durchzurühren.

Falls Sie eine größere Menge brauchen als hier angegeben ist, verdoppeln Sie einfach die Menge der Zutaten.

Viel Spaß beim Ausprobieren!

Zur Probe

Die meisten Kinder sind begeistert von den Riesenseifenblasen. Sie lieben die schillernden Farben der Seifenblasen, die lautlos herab schweben. Nehmen Sie einen Eimer, der groß genug ist für genügend Flüssigkeit, damit der Ring problemlos hineinpasst. Sie können auch ein oder zwei Eimer mit Deckel besorgen. In Imbissbuden werden sie für Mayonnaise oder Joghurtsauce benutzt. Sie werden oft weggeworfen. Fragen Sie danach. Wenn Sie einen Deckel haben, verdunstet die Flüssigkeit nicht so schnell. Eine andere Möglichkeit ist, die Flüssigkeit nach jeder Probe in Flaschen abzufüllen.

Lassen Sie den Eimer von den Kindern außen mit bunter Folie und magischen Gegenständen bekleben. So trägt auch der Eimer seinen Teil zur Vorführung bei.

Bitte legen Sie Papier oder eine Plastikplane in der Probe und in der Vorstellung unter, da die zerplatzten Blasen einen sehr rutschigen Fußboden verursachen.

Beim Proben haben wir immer ein Kind vorführen lassen, und die restliche Gruppe hat sich die Ergebnisse angeschaut. So können sich alle an den Erfolgen erfreuen. Manche springen spontan auf, um die Seifenblasen zu fangen, die Kinder kann nichts mehr auf ihren Plätzen halten.

Zur Vorführung

Ideal ist diese Darbietung für Kinder, die nicht reden möchten, da sie evtl. zu schüchtern sind. Sie geben sich in der Vorführung ganz dem Zauber der Seifenblasen hin.

Stellen Sie zwei Seifenblasenringe her, dann können zwei Kinder in der Vorstellung abwechselnd Seifenblasen machen.

Stellen Sie den Eimer in die Mitte der Spielfläche. In den Hintergrund postieren Sie zwei weitere Kinder, die ein Fläschchen mit Seifenblasenflüssigkeit festhalten. Die Fläschchen gibt es in jedem Spielwarenladen zu kaufen. Die Kinder pusten zusätzlich kleine Blasen auf die Bühne. So ist die ganze Spielfläche mit kleinen und großen Blasen gefüllt.

Dadurch, dass vier Kinder auf der Spielfläche sind, entsteht viel Bewegung. Der Zuschauer ist geneigt, mit seinen Augen hin und her zu wandern. Dadurch gibt es Lebendigkeit und Abwechslung trotz der ruhigen Darbietung.
Die Kinder mit den großen Seifenblasenringen können versuchen, mit ihrem Ring die kleinen Blasen einzufangen oder sie auf der Seifenblasenhaut tanzen und hüpfen zu lassen.[2]

4. Einheit:
Der Höhepunkt – die Vorstellung steht!

Fischmarkttrick

Materialien
Seidenpapier, Kleber, Schere, Zaubersalz, Stift

Ablauf
Ein Streifen Seidenpapier wird in mehrere Stücke gerissen und mit Hilfe von Zaubersalz wieder ganz gezaubert.

Erklärung
Natürlich braucht der Zauberer zwei gleiche Streifen, die er heimlich vertauscht. Die Streifen sind 56 cm lang und 6 cm breit. Ein Streifen wird folgendermaßen präpariert: An ein Ende kleben Sie eine kleine Tasche, in die der zweite Streifen hineinpasst. Falten Sie ca. 10 cm vom Anfang des Streifens, kleben ihn fest und schon ist die Lasche entstanden. Sie muss groß genug sein, damit der zweite Streifen gut hineinpasst und nicht herausrutscht (Abb. 34).

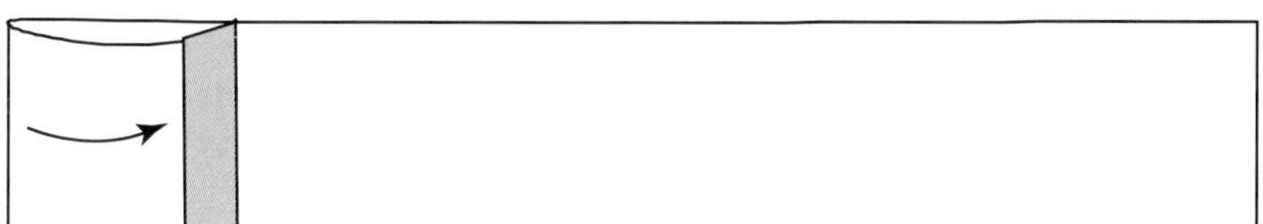

Abb. 34

Auf dem Streifen steht folgender Spruch:

„Heute hier Verkauf von frischen Fischen"

Bitte erst nach der Tasche anfangen zu schreiben. Auf den zweiten Streifen, schreiben Sie den gleichen Spruch. Dieser Streifen wird ziehharmonikaförmig gefaltet (Abb. 35) und in die Tasche geschoben. Die Falten sollten einen Abstand von ca. 2 cm haben.

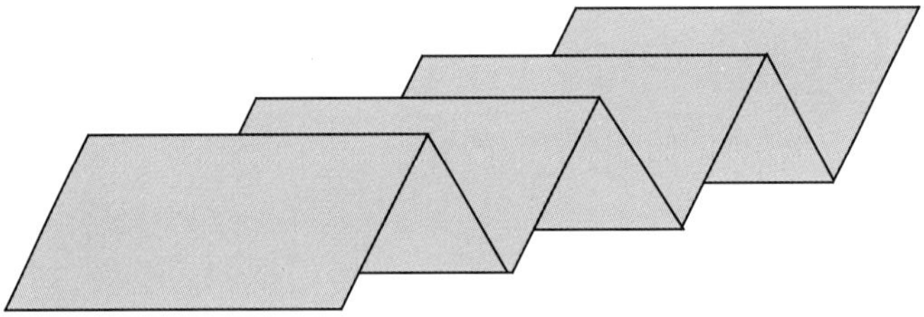

Abb. 35

Vorführung

Der Zauberer geht auf die Bühne. Das Zaubersalz hat er in seiner Hosentasche deponiert. Er verbirgt (palmiert) die Tasche in seiner rechten Hand. Die Finger liegen vom Publikum aus gesehen vor der Tasche. Der Handrücken ist zum Publikum gewendet. Die linke Hand wird in der gleichen Position gehalten, nur dass sie eben nichts verbirgt, sondern nur das Ende festhält (Abb. 36).

Abb. 36

Der Zauberer erzählt:
Neulich war ich in Hamburg auf dem Fischmarkt. Ich schlenderte über den Markt und entdeckte einen Stand, an dem folgendes Schild hing:

Heute hier Verkauf von frischen Fischen

Ich dachte, das ist aber ein langes Schild. Es ist doch klar, dass die Fische heute verkauft werden und nicht gestern oder morgen. „Heute" ist also überflüssig. Ich ging zu dem Schild, nahm es in meine Hand und riss es ab. (Zuerst wird die Tasche abgerissen. Sie wird vor den Streifen gelegt, hinter das Wort „heute", damit die Zuschauer noch den Streifen lesen können, dann wird „heute" abgerissen. Die Tasche und „heute" wird vor den Streifen gelegt.)

Jetzt stand dort noch „hier Verkauf von frischen Fischen“. Ist doch logisch, dachte ich, dass die Fische hier verkauft werden und nicht dort drüben, ist ebenso überflüssig und wird abgerissen. („Hier“ wird abgerissen. Das ganze Häufchen wird hinter den Streifen gelegt, so dass die Tasche zum Zauberer gewandt ist.)

„Verkauf von frischen Fischen“ „Verkauf“ ist wirklich überflüssig, kann also auch weg („Verkauf“ wird abgerissen).

„von frischen Fischen“ – So fängt schon mal gar kein Satz an („von“ wird abgerissen).

„frischen Fischen“ Ich meine, dass die Fische frisch sind weiß doch jeder („frischen“ wird abgerissen).

„Fischen“ – naja, das sieht doch jeder, dass es Fische sind und keine Elefanten oder Ameisen, oder? Nun stand dort kein Schild mehr. Plötzlich kam die Ver-

käuferin. Als sie sah was ich mit ihrem Schild gemacht hatte, wurde sie sehr böse. Sie schimpfte. „Was machen Sie denn da? Sie können doch nicht mein ganzes Schild zerreißen. Jetzt sieht doch niemand mehr von weitem, dass hier ein Stand ist." Ich dachte nach: Die gute Frau hatte Recht. Und wie gut dass ich eine Zauberin bin und immer Zaubersalz dabei habe.
(In dieser Zeit wird die Tasche, die oben auf dem Haufen liegt mit dem Zeigefinger aufgerissen. Die Streifen werden links und rechts um den Haufen gefaltet. Es entstehen zwei voneinander getrennte Haufen. Der zweite vorbereitete Streifen wird unbemerkt ausgetauscht. Die Schnipsel werden unbemerkt in die Hosentasche befördert.
Das geht so: Der gesamte Haufen wird in die rechte Handinnenfläche gegeben. Die beiden Haufen werden getrennt, indem der Daumen den Stapel des gefalteten Streifens zwischen Daumen und Zeigefinger schiebt. In der Handinnenfläche bleiben palmiert (palmieren: siehe S. 24) die Schnipsel zurück, die vom Publikum aus nicht sichtbar sind.
Die linke Hand übernimmt den gefalteten Streifen, der sichtbar von Daumen und Zeigefinger gehalten wird. Die linke Hand bewegt sich nach vorn vom Körper weg und präsentiert ihm dem Publikum. Die rechte Hand greift in die Hosentasche, lässt die Papierschnipsel dort und nimmt das Zaubersalz mit heraus. Das Zaubersalz streut der Zauberer über den Streifen, faltet ihn auseinander und hält ihn dem Publikum zum Lesen hin.)
So zauberte ich das Schild wieder ganz und die Verkäuferin lächelte zufrieden (Verbeugung und zeigen, dass die Hände leer sind).

Die Hypnosenummer

Material

2 Besenstiele, 1 paar alte Schuhe, alte Jeanshose, 1 paar alte Strümpfe, Stoff als Umhang, 1 Stuhl

Ablauf

Der Zauberer hypnotisiert seine Assistentin und lässt sie schweben.

Erklärung

Die Assistentin hält zwei falsche Beine fest, die sie unter ihrem Arm festklemmt. Die Beine sind folgendermaßen gebaut: Um den unteren Teil der Besenstiele wird Stoff gewickelt, damit sie so dick sind wie Beine. Das umwickelte Ende der Stiele stecken Sie in die Schuhe, deren Schnürsenkel um die Stiele gebunden werden. Falls sie nicht halten, kann man sie zusätzlich am Stiel festnageln. Von einer Hose werden die Hosenbeine abgeschnitten, ca. 50 cm.

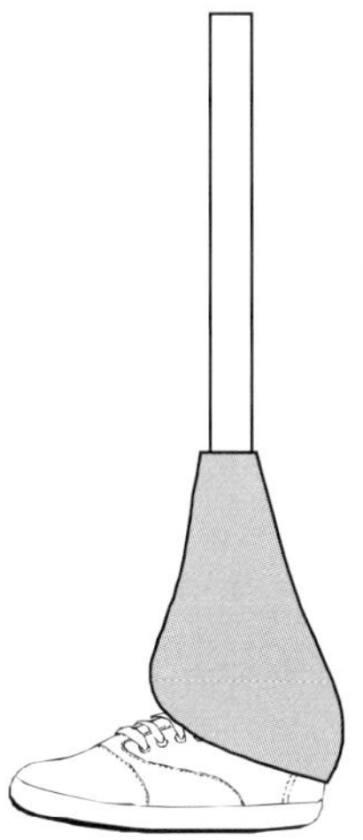

Abb. 37

Befestigen Sie die Hosenbeine an den Stielen z. B. mit Kreppband. Das Ende des Hosenbeins ragt etwas über den Schuh. Es entsteht die perfekte Attrappe zweier angezogener Beine (Abb. 37).
Die Stiele werden wie beim Stelzenlaufen unter den Armen gehalten, damit sie leicht hochzuheben sind. Die Assistentin winkelt hierbei die Arme an. Die Stäbe liegen unterhalb der Achseln entlang des Körpers und enden hinter der Schulter. Die Hände zeigen mit dem Daumen nach unten und umgreifen den Stiel.

Tipp
Bauen Sie die Beine bevor der Kurs beginnt, oder planen Sie zusätzliche Zeit dafür ein.

Das Gewand
Es besteht aus zwei alten Laken. Sie sind übereinander gelegt und an den Seiten A und B zusammengenäht. An der Ecke A/B (siehe Pfeil) bleiben je 25 cm offen, durch die der Kopf durchzustecken ist (Abb. 38).
Die Assistentin legt ihren Kopf zurück und hebt die beiden falschen Beine waagrecht nach oben. Es entsteht die Illusion, als ob sie schwebt (Abb. 39).
Zur Erleichterung sollte am Fußende ein Stuhl stehen, auf dessen Lehne die Assistentin die falschen Füße ablegen kann.

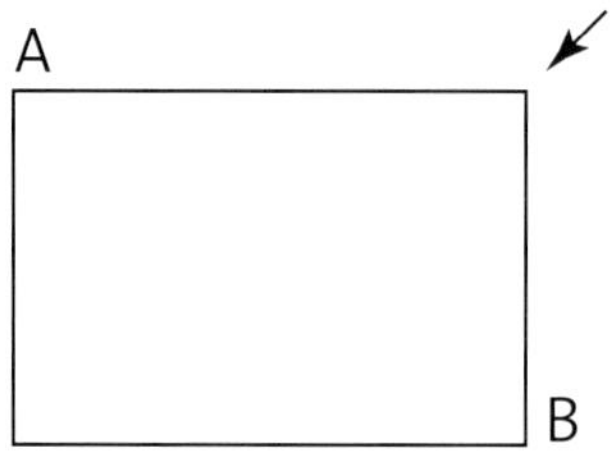

Abb. 38

Vorführung

Der Zauberer stellt sich als Scheich El Achmed vor, der aus einem fernen Land stammt. Er bittet seine Assistentin auf die Bühne zu kommen (Sie trippelt herein. Und zwar muss sie die falschen Beine als ihre echten Füße ausgeben. Sie geht scheinbar mit den falschen Füßen. Sie kopiert ihren eigenen Gang. Sie hebt die Füße und setzt einen vor den anderen. Synchron dazu

Abb. 39

bewegt sie ihre richtigen Füße, die aber niemand sehen darf. Sie und der Zauberer achten darauf, dass das Gewand immer auf dem Boden bleibt und nur vorn die falschen Füße herausschauen.).

Er begrüßt seine Assistentin Prinzessin Suleika und erklärt dem Publikum, dass er sie hypnotisieren möchte (nach allen Regeln der Kunst hypnotisiert er sie).

„Schau mir in die Augen, hör auf meine Worte und befolge was ich dir sage. Du wirst müde, immer müder. Deine Augenlider werden schwerer und schwerer. Deine Augen fallen zu. Du fängst an zu schlafen. Stell dir vor dein Körper wird leicht, immer leichter, so leicht wie eine Feder. Du wirst immer leichter. Nichts kann dich am Boden festhalten und du fängst an dich in die

Luft zu heben, ganz langsam. Du fängst an zu schweben, immer höher und höher, bis dein ganzer Körper schwebt."
(Wenn sich die Beine heben, muss darauf geachtet werden, dass das Gewand auf dem Boden bleibt. Lüftet es sich, kann man die echten Füße sehen und der Trick ist misslungen. Wenn die Assistentin schwebt, präsentiert sich der Zauberer und empfängt seinen Applaus. Danach lässt er sie wieder schwerer werden.) „Du wirst wieder schwerer und schwerer. Die Feder wird zu Blei und du schwebst wieder dem Boden entgegen, bis du mit den Füßen den Boden berührst. Ich zähle langsam bis drei und wenn ich in die Hände klatsche, wachst du wieder auf. Eins, zwei, drei." (Er klatscht in die Hände und die Assistentin öffnet die Augen. Beide verbeugen sich).
Die Nummer wirkt besonders gut, wenn im Hintergrund leise, ruhige Sphärenmusik läuft und der Zauberer in einem monotonen Singsang seine Hypnose spricht. So entsteht der richtige Effekt beim Schweben.

Tipp
Von der CD „Art of Noise" das Lied „Moments in love", ein Instrumentalmusikstück, eignet sich besonders gut.

Musik auswählen

Einige Nummern können die Kinder ohne Sprache vorführen. Sprache würde dabei nur ablenken und nicht die richtige Stimmung erzeugen. Für diese Nummern stellt die passende Hintergrundmusik eine wichtige Passage dar. Die Stimmung der Vorführung wird verstärkt und hervorgehoben, wodurch Gefühle entstehen. Durch Musik können unsere Emotionen traurig oder beschwingt sein, aufgeregt oder sie versetzt uns in mystische Regionen. Nur zu genau kennt das Fernsehen die Wirkung von Musik und setzt sie in allen Filmen bewusst ein.
Doch es gibt auch noch andere Situationen während der Vorstellung, in denen Musik im Hintergrund angebracht ist. Sie dient dazu, die Zeit zwischen den einzelnen Szenen zu überbrücken.
Zu Beginn, wenn das Publikum den Saal betritt und seine Plätze einnimmt, entsteht eine spannungsvolle Erwartungshaltung bis die Vorstellung beginnt. Das kennen wir alle, wenn wir ins Theater gehen. Um das Publikum gefühlsmäßig auf die bevorstehende Darbietung einzustimmen, ist eine dafür ausgewählte Musik angebracht. Eine Möglichkeit für unsere Zaubervorstellung bietet uns Zirkusmusik, die natürlich zu der Aufführung passen muss. Ideal ist die Musik von Roncalli oder von Tap-Dance.

Zwischen den Darbietungen entstehen Umbaupausen, die überbrückt werden sollten, damit die Zuschauer nicht aus ihrer Stimmung herausgerissen werden. Wählt man eine bestimmte Musik, die nur für den Umbau benutzt wird, so weiß das Publikum, dass jetzt der Umbau für die nächste Szene beginnt.
Und natürlich für das Finale, das im Folgenden noch besprochen wird, brauchen wir beschwingte Musik. Die Vorstellung ist vorbei, die Zauberer und Zauberinnen sind froh, dass alles so gut geklappt hat und sie schwelgen in ihrem Applaus. Hierfür ist schnelle Musik angebracht, z. B. *It's a final countdown* oder *Einzug der Gladiatoren* von Roncalli.
Hören Sie sich in die Musik hinein und entscheiden Sie selbst.

Geeignete Musik ist:
Roncalli – Die Reise zum Regenbogen
Queen – It's a kind of magic
Queen – We are the champions
Vangelis – Conquest of paradise
Vangelis – Chariots of fire
Europe – It's a final countdown
Wayne – Eve of the war
Axel. F. – Faltermeyer
Musik für Zauberkünstler (zu bestellen in Zauberläden)
Sylvia Dorame – Tap dance
Charlie Chaplin – Limelight
Michael Jackson – Heal the world
Tina Turner – The best
Andreas Vollenweider – Caverna magica
Art of noise – Moments in love

Modellierballons

Luftballons bieten mit ihren bunten Farben einen besonderen Reiz für eine Zaubervorstellung. Eine außergewöhnliche Art der Ballons sind Modellierballons. Man kann sie kneten, quetschen, drücken, verdrehen und allerlei verrückte Figuren, Tiere oder Gegenstände daraus formen. Dies zu beobachten ist für die Zuschauer sehr spannend.

Marvin Hardy, ein bekannter Ballonmodelleur, stellt die faszinierendsten Figuren damit her. Es gibt quasi nichts, was er nicht modellieren kann. Er hat sogar ein Kleid modelliert, das bei einer Modenschau getragen wurde.
Ballons eignen sich auch bestens als kleines Präsent und Dankeschön, das man einem Assistenten für seine Mithilfe überreichen kann.
Im Finale können alle Zauberlehrlinge eine Figur formen und den Zuschauern zum Abschied überreichen. Hierfür sollten die Ballons schon vorher aufgeblasen sein.
Man kann sie in einen Zaubertrick mit einbauen, sie erscheinen lassen, oder sie selbst einen Trick ausführen lassen.
Kaufen können Sie die Ballons in Ballonläden, Spielwaren-, Jonglier- oder Zauberläden.
Da sie sich schwer mit dem Mund aufpusten lassen und in den Ballons Chemikalien enthalten sind, damit sie nicht verkleben, ist es ratsam eine Ballonpumpe (mit einer spitzen Öffnung) zu benutzen. Diese Pumpen haben eine doppelt wirkende Pumpkraft. Sie blasen Luft beim Ziehen und Drücken des Pumpkolbens in den Ballon hinein.
Im Handel gibt es verschiedene Formen der Ballons, dicke, dünne, lange oder kurze. Bewährt hat sich das Format 260. Diese Ballons sind aufgeblasen ca. 140 cm lang und haben einen Durchmesser von ca. 4 cm. Besorgen Sie am Besten einen Beutel mit 100 Stück, damit sie zum Üben und für die Aufführung reichen.
Zum Bemalen der Ballons eignen sich Eddingstifte in sämtlichen Farben, Schwarz ist fast immer zu gebrauchen.

Max, der Ballonhund

1. Die Grundform ist ein Ballonhund. Ziehen Sie den Ballon zuerst in die Länge, um ihn zu dehnen. Blasen Sie ihn nicht voll auf. Lassen Sie ca. 12 cm unaufgeblasen. Haben Sie zuviel aufgeblasen, können Sie auch wieder Luft herauslassen.
   Beim Modellieren der einzelnen Ballonbubbles (Blasen) schiebt sich immer Luft nach hinten, die Platz braucht. Wenn nichts mehr frei ist, würde der Ballon zu dick und würde platzen. Verknoten Sie den Ballon.
   Fangen Sie immer vorne am Knoten an zu kneten, nie an dem unaufgeblasenen Ende.

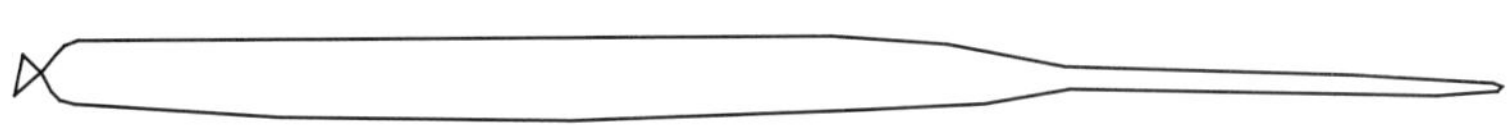

2. Drücken Sie den Ballon ca. 6 cm hinter dem Knoten ein und drehen Sie diese Blase ein paarmal herum.

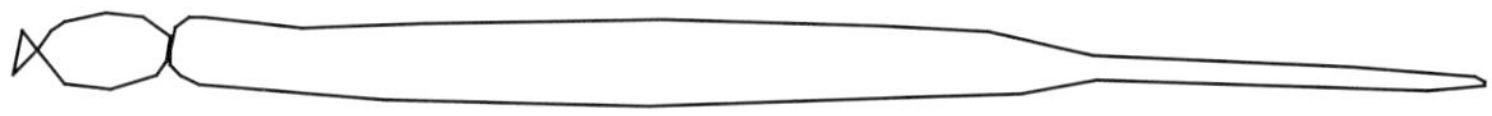

3. Stellen Sie auf diese Weise noch zwei weitere ca. 6 – 7 cm große Blasen her. Halten Sie dabei den ersten Bubble fest, damit er sich nicht wieder auflöst. Klemmen Sie ihn eventuell mit ihrem linken Arm am Körper fest.

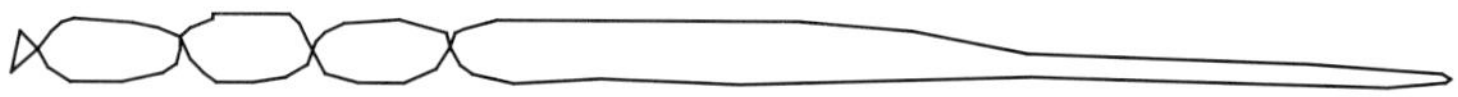

4. Klappen Sie den Ballon nach der ersten und dritten Blase ein. Und drehen Sie die Stelle zusammen.

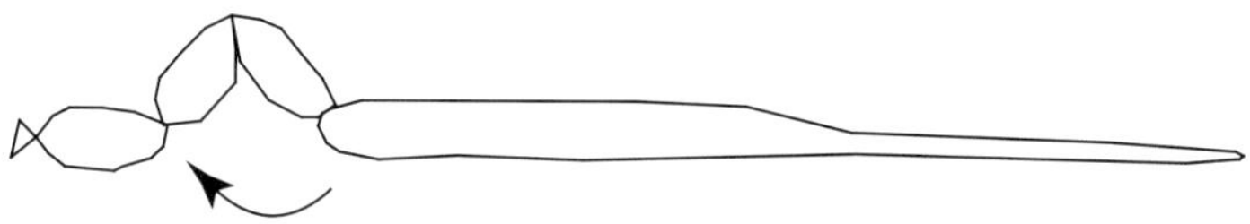

Die Bubbles werden ineinander gedrückt. Wenn Sie sie loslassen, halten die Bubbles stabil zusammen. Dies ist der Kopf.
Der erste Bubble ist die Schnauze. Die anderen beiden ergeben die Ohren des Hundes.

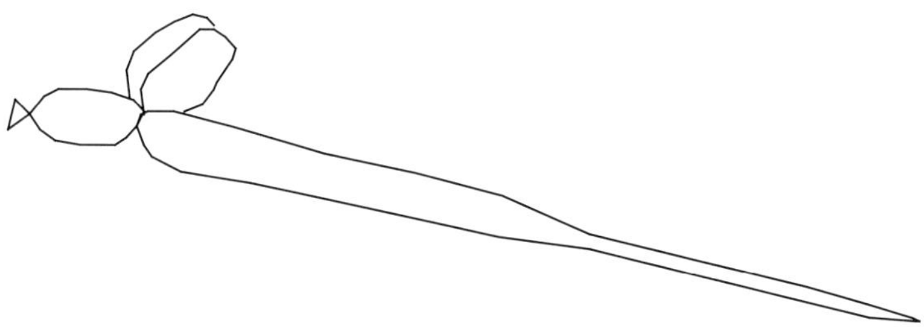

5. Als nächstes kommt der Hals. Drehen Sie den Ballon nach 6 cm wieder ein. Für die Vorderbeine drehen Sie zwei weitere 8 cm lange Bubbles.

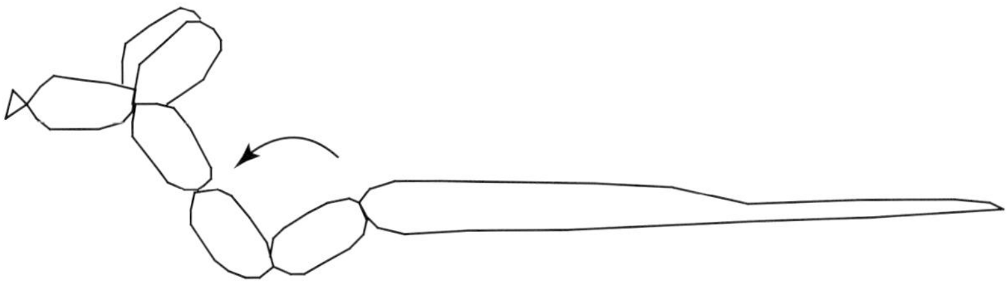

Drehen Sie die zweite und dritte Blase ineinander.

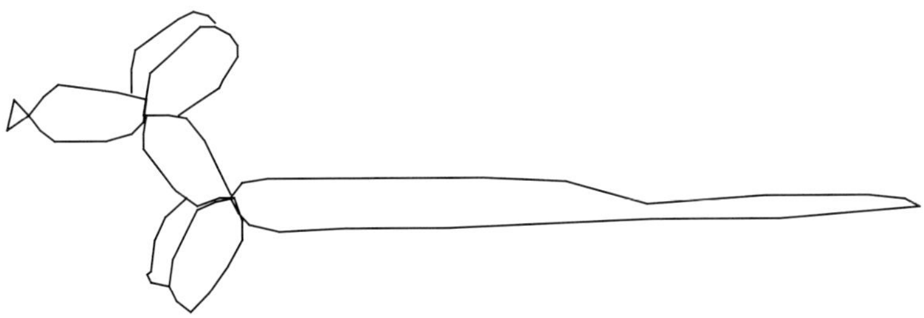

6. Für den Rumpf drehen Sie einen 15 cm langen Bubble und zwei 8 cm lange Bubbles für die Hinterbeine. Übrig bleibt ein kleiner Bubble für den Schwanz.

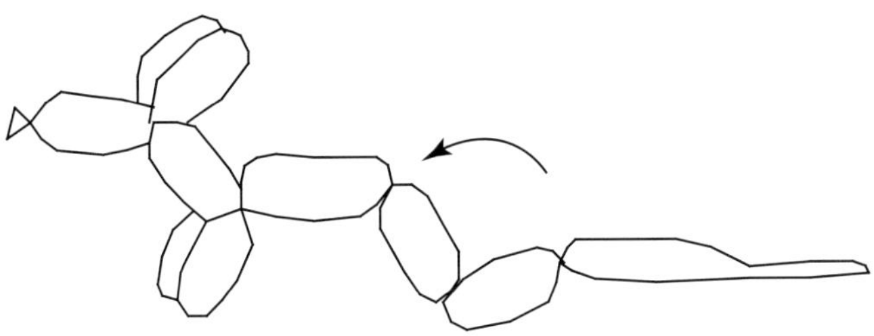

7. Drehen Sie wieder den zweiten und dritten Bubble ineinander. Fertig ist der Ballonhund!

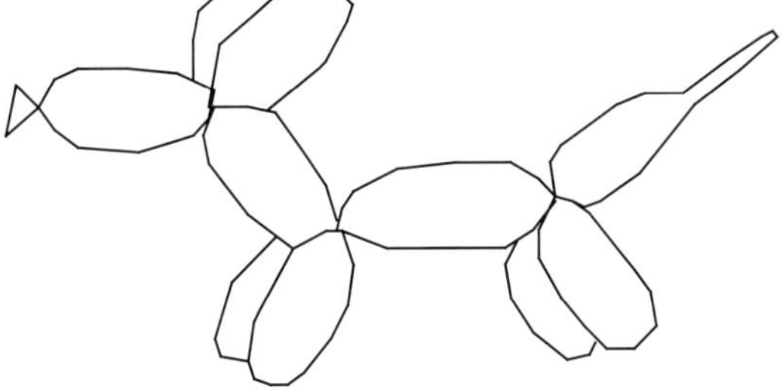

Eine Maus

Lassen Sie $^{2}/_{3}$ des Ballons unaufgeblasen. Wenn Sie die Bubbles nur wenige Zentimeter groß machen, wird die oben beschriebene Figur kleiner. Dann entsteht eine Maus.

Eine Giraffe

Eine Giraffe können Sie ganz einfach erstellen. Lassen Sie 8 cm unaufgeblasen. Modellieren Sie den Halsbubble der Hundefigur länger.

Ein Pudel

Für den Pudel brauchen Sie am Ende des Ballons noch etwas Platz, da dort ein kleiner runder Ballon erscheinen soll. Lassen Sie ca. 15 cm des Ballons unaufgeblasen. Der Körper wird kleiner gestaltet. Machen Sie einen 6–7 cm großen Bubble.

Das lange Stück an dem Hundeschwanz stecken Sie sich in den Mund. Saugen Sie daran und drücken gleichzeitig die Luft aus dem Schwanz mit Ihren Fingern nach oben. Schon entsteht ein kleiner runder Bubble am Ende. Dies ist das Markenzeichen eines Pudels (Abb. 41).

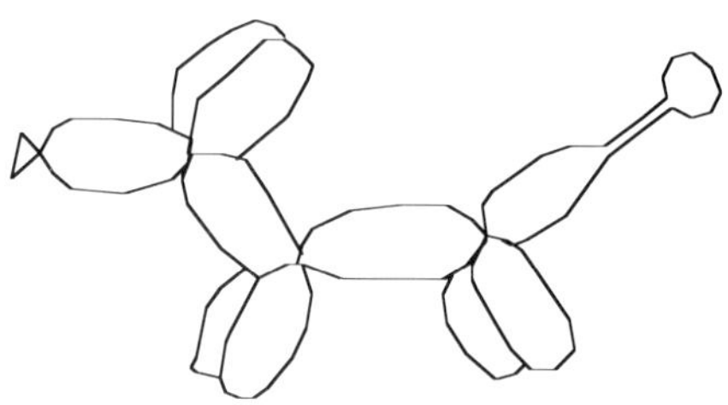

Abb. 41

Zaubern mit dem Pudel

1. Gehen Sie mit der rechten Hand über die Ballonkugel am Schwanzende des Pudels.
2. Nehmen Sie den Bubble in Ihre Faust.
3. Drücken Sie die Luft zurück in den Schwanz. Deuten Sie an, als ob Sie diese Blase mit der Hand abziehen und pusten die unsichtbare Kugel in die Luft. Sie ist weggezaubert.
4. Zaubern Sie sie wieder herbei, indem Sie die Prozedur umgekehrt wiederholen. Greifen Sie in die Luft und halten einen unsichtbaren Bubble fest.
5. Legen Sie ihn in Ihren Mund.
6. Führen Sie die Schwanzspitze in Ihren Mund und saugen daran. Schon ist er wieder am Ballonhundeschwanz.

Animation mit dem Pudel

1. Klemmen Sie den Hund unter Ihren rechten Arm, sodass Sie den Hals mit der rechten Hand erfassen können.
2. Erzählen Sie, dass Max ein sehr aufgeweckter Hund ist. Drehen Sie den Hals hin und her, sodass der Kopf in mehrere Richtungen schaut.
3. Nehmen Sie mit der linken Hand aus Ihrer Hosen- oder Jackentasche unsichtbares Futter heraus und halten es ihm vor die Schnauze.
4. Bewegen Sie die Schnauze zu Ihrer Hand und machen ein paar Fressbewegungen. So erwacht Max, der Ballonhund zum Leben.
5. Halten Sie den Hund mit der linken Hand fest und nehmen seinen Schwanz zwischen Ihren rechten Daumen und Zeigefinger. Und bewegen den Schwanz hin und her.
6. Erklären Sie, dass dies ein Zeichen der Freude ist, wenn es ihm geschmeckt hat.
7. Max hört auf's Wort . Nur dürfen Sie nicht sagen „Mach Platz", sonst platzt er.

Diese Animation ist besonders für die kleineren Kinder eine große Freude.

Max, der Kartenzauberer

Doch Max, der Ballonpudel, kann noch mehr. Er kann sogar zaubern. Am liebsten zaubert er mit Karten. Das erfordert jedoch etwas Fingerspitzengefühl und ist daher eher für ältere Kinder geeignet.

Materialien
1 Ballonhund, Kartenspiel mit Schachtel, Tisch

Darsteller
ein Zauberer, ein Assistent aus dem Publikum

Effekt
Der Assistent zieht eine Karte aus dem Stapel und gibt sie wieder zurück. Der Stapel wird in die Schachtel gegeben und verschlossen. Max, der Ballonhund, zieht aus der Schachtel die Karte des Zuschauers heraus.

Erklärung

I. Teil: Die Präparation des Kartenspiels

1. Nehmen Sie das Kartenspiel aus der Schachtel und fächern Sie es auseinander. Der Assistent darf irgendeine Karte herausziehen. Er schaut sie sich an und zeigt sie dem Publikum.
2. Der Fächer wird zusammengeschoben. Das Kartenspiel liegt in Ihrer linken Handinnenfläche. Der Daumen liegt links am Stapel, der Zeigefinger oben und die restlichen Finger rechts am Stapel.
3. Halten Sie dabei in der Mitte einen Spalt, indem Sie den Daumen zwischen die Karten schieben. Die obere Hälfte halten Sie mit der rechten Hand fest, Zeigefinger ist links und Daumen unten am Stapel. In diesen Spalt schiebt der Assistent seine Karte.
4. Die Schachtel liegt neben Ihnen auf dem Tisch. Der Assistent steht auf der anderen Seite. Drehen Sie sich zur Schachtel hin. Während der Drehbewegung ziehen Sie den oberen Stapel ab und schieben ihn unter das Kartenspiel. Das geht sehr schnell, sodass es nicht wahrnehmbar ist. Gut Üben!
   Die gezogene Karte befindet sich nun oben auf dem Stapel.
5. Die Schachtel hat oben eine Lasche und vorne eine Einkerbung, zum leichteren Hineinschieben der Lasche.

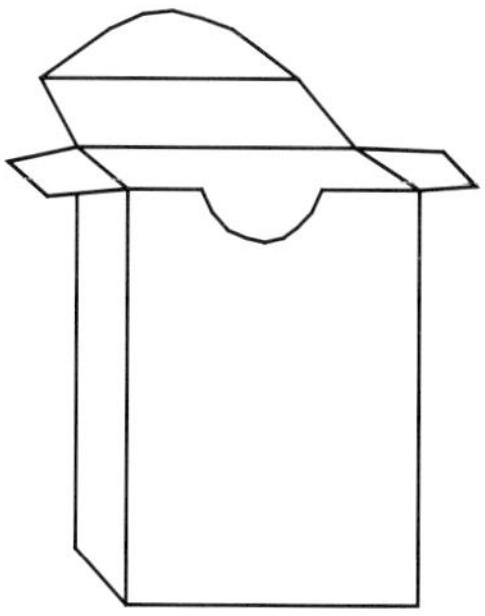

Abb. 42

6. Schieben Sie den Stapel in die Schachtel, sodass die Bildseite an die hintere Seite der Schachtel zeigt und die gezogene Karte an der Einkerbung liegt.
7. Schieben Sie die Lasche hinter der ersten Karte hinein, sodass sie sich zwischen der ersten und zweiten Karte befindet. Drücken Sie zur Hilfe links und rechts an der Schachtel, dann spreizen sich die Karten etwas.
   Die Karte schaut an der Einkerbung heraus. Legen Sie die Schachtel auf den Tisch, mit der Einkerbung nach unten, sodass die Karte nicht zu sehen ist.

II. Teil: Max zieht die Karte

1. Den Ballonhund halten Sie mit der rechten Hand fest. Die Schachtel drücken Sie zwischen Schnauze und Hals. Max lässt die Schachtel fallen.
2. Dann wiederholen Sie es, dabei schieben Sie die Karte, die in der Einkerbung herausschaut, mit dem linken Daumen 1 cm aus der Schachtel heraus. Die Bubbles ergreifen die Karte. Sie hält sich daran fest. Wenn Sie die Schachtel sinken lassen, klemmt die Karte an der Schnauze fest.

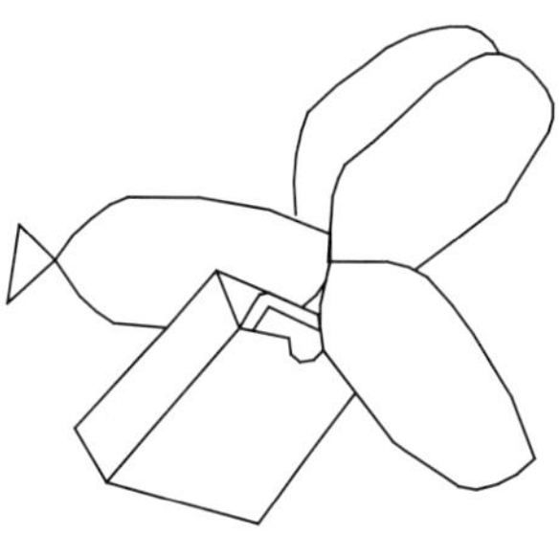

Abb. 43

Max hat die Karte des Zuschauers herausgezogen. Bravo!

Tipp
Um die Karte leichter herausschieben zu können, schneiden Sie auf der Seite der Einkerbung ein ovales Loch von ca. 2 cm Breite und 6 cm Länge hinein (Abb. 44). Wenn Sie die Schachtel in der linken Hand halten, können Sie die Karte mit dem Daumen herausschieben, so dass der Ballonpudel sie leichter greifen kann.

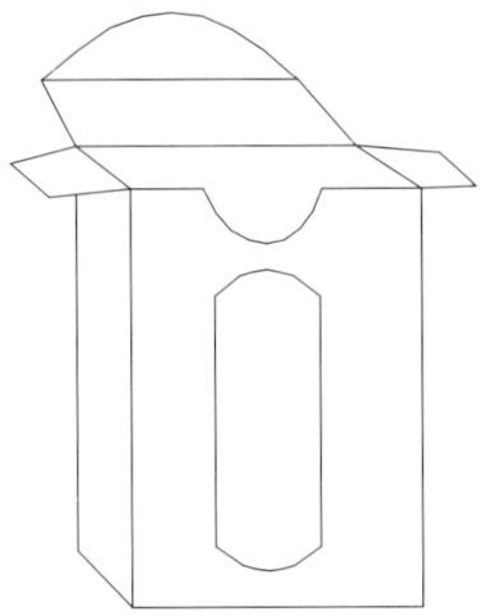

Abb. 44

Vorsicht, dass der Zuschauer die Öffnung nicht sieht! Legen Sie die Schachtel immer mit der Öffnung nach unten auf den Tisch.

Vorführung
Der Zauberer kommt auf die Bühne und bittet einen Assistenten zu sich zu kommen. Er formt aus einem Ballon einen Hund.
Es bleibt Ihnen überlassen, ob er bereits aufgepustet ist, oder ob der Zauberer ihn noch aufbläst.
Er stellt Max, den Ballonhund vor. Der Zauberer lässt den Assistenten eine Karte ziehen, der merkt sie sich und zeigt sie dem Publikum. Die Karte gibt er zurück in den Stapel.
Der Zauberer schiebt den Stapel zurück in die Schachtel, die auf dem Tisch liegt.
Max hält er fest. Er führt die Schachtel an seine Schnauze. Sie fällt runter.
Der Zauberer sagt, dass Max sehr aufgeregt ist, redet ihm gut zu und versucht es noch ein zweites Mal. Diesmal hält Max die Karte fest. Er bekommt einen Applaus.
Der Assistent bekommt Max als Dankeschön mit nach Hause. Er verabschiedet seinen Assistenten, verbeugt sich und geht ab.

Das zerbrochene Streichholz

Materialien

Geschirrtuch oder großes Stofftaschentuch mit einem breiten Saum, Streichhölzer, Nadel und Faden, Stift zum Markieren, Tisch

Ablauf

Ein markiertes Streichholz legt der Zuschauerassistent in ein Tuch. Es wird zusammengefaltet. Der Assistent zerbricht das Streichholz. Der Zauberer zaubert es wieder ganz.

Vorbereitung / Erklärung

In den Saum des Tuches hat der Zauberer vor der Vorführung ein Streichholz geschoben. Ist der Saum nicht groß genug, kann man den Rand etwas umklappen und festnähen, damit ein Streichholz hineinpasst. Das Streichholz ist von außen nicht sichtbar. Der Zauberer fühlt, wo sich das Streichholz befindet.

Vorführung

Das Tuch liegt auf einem Tisch. Der Zauberer merkt sich, in welche Ecke er das Streichholz hineingeschoben hat.
Nachdem er einen Assistenten auf die Bühne geholt hat, bittet er ihn, ein Streichholz aus der bereitstehenden Schachtel herauszunehmen und es mit einem Stift zu markieren. Der Zauberer breitet das Tuch auf dem Tisch aus. Das markierte Streichholz legt der Assistent in die Mitte des Tuches (Abb. 45). Der Zauberer ergreift die Zipfel des Tuches eins nach dem anderen und deckt sie über das Streichholz, angefangen mit dem Zipfel, in dem sich das vorbereitete Streichholz im Saum befindet.
Es entsteht ein kleines Päckchen. Der Zauberer merkt sich, in welcher Position das vorbereitete Streichholz liegt. Es sollte sich möglichst nah neben dem anderen befinden.
Das Streichholz im Saum greift er und gibt es dem Assistenten, der es zerbricht. Bitte dicht über dem Tisch halten, damit das andere Streichholz nicht aus Versehen herausrutscht.

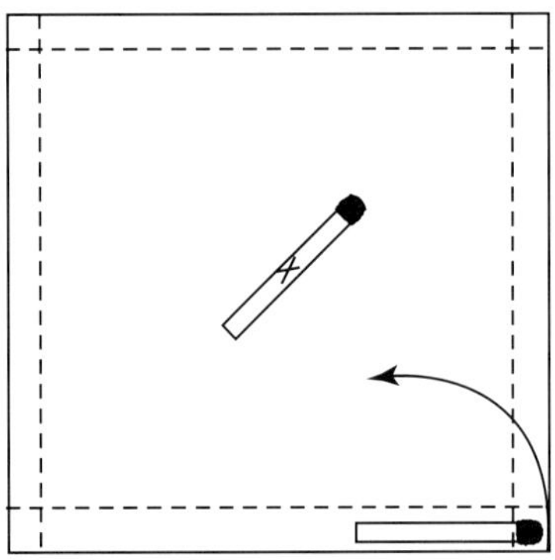

Abb. 45

Das Tuch wieder auf den Tisch legen. Mit seinem Zauberstab macht er eine magische Bewegung über dem Tuch und ergreift vorsichtig den Zipfel und hebt es langsam hoch. Das markierte Streichholz fällt auf den Tisch. Der Assistent bezeugt, dass es sein Streichholz ist, und der Zauberer bekommt seinen wohlverdienten Applaus.

Tipp

Falls der Zauberer doch das falsche Streichholz genommen hat, ist es nicht so schlimm. Das kann durchaus die Spannung erhöhen. Er wiederholt die Prozedur und schiebt alles darauf, das noch ein Zauberspruch gesprochen werden muss und lässt dann das richtige Streichholz zerbrechen.

5. Einheit: Vom Zauberlehrling zum Zaubermeister!

Die Reihenfolge der Tricks festlegen

Wenn alle Tricks gezeigt, geübt und gebastelt sind, können Sie die Reihenfolge der Tricks festlegen. Beginnen Sie mit einem einfachen Trick. Zum Schluss enden Sie mit einem Höhepunkt, so dass der Schwierigkeitsgrad der Darbietungen während der Vorstellung zunimmt und die Spannungskurve steigt. Die Musik- und Sprechnummern sind abwechselnd vorzuführen. Genauso ist es ratsam, dass Tricks mit und ohne Assistenten sich ablösen. Da die Zuschauer zu Anfang noch etwas unsicher sind, wählen Sie für die erste Darbietung keinen Trick aus, bei dem die Kinder einen Zuschauerassistenten benötigen. Dies sollte erst ab dem zweiten Trick in Erwägung gezogen werden.

Abwechslung ist die oberste Devise. Spannung sollte sich mit Entspannung ablösen und Aufregendes mit Ruhigem.

Sind alle Regeln besprochen, so könnte eine Vorstellung folgendermaßen aussehen:

1. Ein Tuch erscheint auf einem Seil – Sprechnummer
2. Die magische Cocktailbar – Sprechnummer
3. Verwandlung eines Tuches in einen Ball – Sprechnummer
4. Die magischen Karten 7 + 8 – Sprechnummer
5. Durch eine Postkarte kriechen – Sprechnummer
6. Maus im Käsehaus – Sprechnummer mit Geschichte
7. Seifenblasen – Musik
8. Die drei magischen Ringe – Sprechnummer mit Assistenten
9. Die große Entfesselung – Sprechnummer mit Musik
10. Der steigende Zauberstab – Theater

11. Vier-As-Trick – Sprechnummer mit Assistent
12. Fischmarkttrick – Geschichte
13. Hypnosenummer – Sprechnummer mit Theater und Musik
14. Das zerbrochene Streichholz – Sprechnummer mit Assistent
15. Die Schwerterkiste – Musik

Die Rollen verteilen

Als nächstes wird die Rollenverteilung für die Aufführung besprochen. Kinder, die gut erzählen können, führen einen Trick mit einer Geschichte vor. Andere, die nicht sprechen wollen, dafür sehr geschickt sind, übernehmen Musiknummern. Niemand wird unter- oder überfordert. Manche möchten nicht alleine auf der Bühne stehen. Sie wählen Tricks aus, die mit mehreren Darstellern vorzuführen sind.
Ein weiterer wichtiger Punkt ist die Rolle des Ansagers, die bisher noch nicht erwähnt wurde. Der Ansager begrüßt das Publikum und sagt die Zaubernummern mit ihren Darstellern an. Er stellt alle Mitwirkenden im Finale mit Namen noch einmal vor, und zum Schluss verabschiedet er das Publikum. Er hat die wichtigste Rolle, da er am häufigsten auf der Bühne zu sehen ist. Es gibt auch die Möglichkeit, dass sich zwei Kinder diese Rolle teilen und abwechselnd die Nummern ansagen. Eine Ansage zur Begrüßung könnte folgendermaßen aussehen:

„Guten Tag mein sehr verehrtes Publikum. Ich begrüße Sie und euch recht herzlich zu unserer Zaubervorstellung. Es freut mich sehr, dass ihr so zahlreich erschienen seid.
Bitte hebt einmal den rechten Arm in die Höhe. Hebt ihn waagrecht ausgestreckt vor euren Körper (er macht alle Bewegungen vor. Das Publikum macht die Übung mit. Der Ansager wartet, bis alle ihren Arm ausgestreckt haben), und dann den linken Arm auf die gleiche Höhe heben. Die Hände langsam zusammenführen, bis sie zusammentreffen (es entsteht ein Klatschgeräusch). Wieder auseinander und wieder zusammen und immer schneller (bis Applaus entsteht, hierbei wird das Publikum zum erstenmal zum Mitmachen und Mitlachen animiert).
Es entsteht ein nettes Geräusch, und immer wenn euch etwas gefällt, dann lasst uns bitte dieses Geräusch hören (das Publikum entkommt seiner steifen Atmosphäre und wird von Anfang an locker und auf Applaus eingestimmt).
Und nun möchte ich euch den Zauberer Lupino vorstellen, der euch einen tollen Zaubertrick zeigt ...“

Das Finale

Nachdem der Höhepunkt der Vorstellung das Ende einläutete, heißt es Abschied nehmen. Alle Kinder werden der Reihe nach noch einmal mit Namen vorgestellt. Um die Vorstellung abzurunden, schließen wir mit einem großen Finale. Als Musik eignet sich bestens „Einzug der Gladiatoren“ vom Zirkus Roncalli.
Der Ansager spricht seine Absage und bedankt sich beim Publikum für den Applaus und natürlich fürs Zusehen und Mitmachen. Es soll nun ein umgedrehtes „V“ aufgestellt werden (Abb. 45).
Er ruft die Darsteller auf. Am Rand der Bühne hat die Kursleiterin in der Mitte ein Kreuz mit Kreppband geklebt. Bis dorthin gehen die Zauberer und Zauberinnen einzeln und verbeugen sich. Ist keine erhöhte Bühne vorhanden, ist dieser Punkt ca. 1 m vom Publikum entfernt. Sie gehen nach hinten und stellen sich in der Mitte auf. Der Nächste stellt sich, nach dem er sich verbeugt hat, von den Zuschauern aus gesehen rechts, neben den ersten. Der dritte Darsteller stellt sich links etwas versetzt vor den ersten. Der vierte geht rechts etwas versetzt neben den zweiten. Der fünfte wieder links neben den dritten usw. Zum Schluss stellt einer der Darsteller den Ansager vor. Es entsteht folgendes Bild:

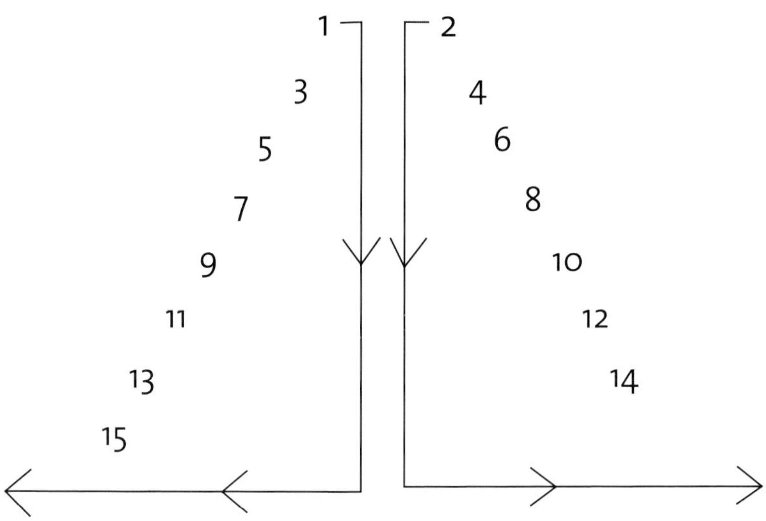

Abb. 45

Der erste und zweite Darsteller gehen paarweise nach vorn an den Bühnenrand und verbeugen sich zusammen. Natürlich alles unter einem tosenden Applaus.

Nach dem Verbeugen gehen sie auseinander. Der erste nach links und der zweite nach rechts. Sie bleiben an der Seite der Bühne stehen. Der dritte und der vierte rücken zusammen und gehen ebenfalls als Paar zum Bühnenrand, verbeugen sich und gehen auseinander. Der dritte Darsteller bleibt neben dem ersten stehen und der vierte neben dem zweiten. Es entsteht am Bühnenrand eine lange Reihe. Zum Schluss geht der Ansager in die Mitte zwischen die anderen und verbeugt sich.
Es entsteht folgendes Schlussbild
1 3 5 7 9 11 13 15 14 12 10 8 6 4 2
Danach verbeugen sich noch einmal alle gemeinsam und gehen in einer Reihe hintereinander von der Bühne.

Die erste Gesamtprobe

Endlich ist es soweit. Jeder Teilnehmer hat seinen Trick geübt und kennt seinen Ablauf. Es weiß jeder seinen Platz im Finale. Alle beschäftigen und vertiefen sich in ihre Darbietung. Jeder kennt auch den Ablauf seines Kameraden. Die ersten werden nervös, sie üben noch einmal die Technik, oder sprechen ihren Text, den sie vortragen.
Damit auch jeder genau weiß, wann er oder sie an der Reihe ist, welchen Platz sie in der Vorstellung einnehmen, ist es wichtig eine Liste zu schreiben, auf welcher der gesamte Ablauf mit all den Darstellern und Tricks steht. Am besten eignet sich ein DIN A 3 Zettel, der an einem Ort angebracht ist, der für jeden gut sichtbar ist. Über dem Requisitentisch ist es am sinnvollsten. Einen zweiten Zettel, etwas kleiner, benötigt die Kursleiterin, da sie die Musik bedient. Ist eine zweite Person anwesend, kann sie sich um die Kinder kümmern, damit jeder Teilnehmer sich rechtzeitig für seinen Auftritt bereithält.
Als nächstes wird der Requisitentisch aufgestellt. Auf ihm liegen alle wichtigen Utensilien, bis sie für den Auftritt gebraucht werden. Dazu gehören selbstverständlich die Tricks, damit sie die Kinder nicht ständig mit sich herum tragen müssen und eventuell im entscheidenden Moment nicht finden. Hier ist Platz für die Seifenblasen, die Scheren und wichtige Hilfsmittel.
Für die Probe ist es wichtig, die Auf- und Abbauten zu üben. Für das Wasserfärben wird ein Zaubertisch mit einer hübschen Decke gebraucht auf dem die Gläser stehen. Der Ansager oder ein Assistent trägt den Tisch zu seinem Platz. Kann der Zauberer nicht all seine Requisiten tragen, so steht ihm selbstverständlich ein Helfer zur Verfügung.
Für den Tuchtrick wird kein Tisch mehr gebraucht. Er stört also auf der Bühne. Der Assistent kümmert sich um das Abräumen der Bühne.

Für die drei magischen Ringe wird der Tisch wieder als Ablagefläche für die Scheren benötigt. Der wohlüberlegte und organisierte Auf- und Abbau gehört zu der Vorstellung mit dazu. Es sollten möglichst keine Lücken oder zu lange Pausen entstehen. Dies wird genauso eingeübt wie die Tricks.
Die Darsteller üben zu warten, bis die Musik von der Kursleiterin ausgestellt ist. Dann erst können sie anfangen zu sprechen. Übt man das einige Male mit den Kindern, so merken sie es sich und achten selber darauf.
Auch sollte keine Hektik entstehen, während aufgebaut wird, die kleinen Zauberer und Zauberinnen haben genügend Zeit, die es gilt auszufüllen.
Zunächst klingt es so, als ob es zu viel zu bedenken gibt, aber es ist weniger als es aussieht. Es sind diese kleinen Dinge, die eine normale Darbietung in eine professionelle Zaubervorstellung verwandeln.

Die Generalprobe

Die Generalprobe ist die letzte Probe vor der Aufführung. Es ist alles genauso wie bei der richtigen Aufführung, nur dass es eben eine Probe ist. Der einzige Unterschied besteht darin, dass keine Zuschauer anwesend sind.
Zunächst einmal stellen die Kinder die Stühle. Es ist sinnvoll, dies vor der Generalprobe zu erledigen, damit die Teilnehmer einen Eindruck von ihrem imaginären Publikum bekommen.
Die Kinder ziehen ihre Kostüme an, die sie von zu Hause mitgebracht haben. Einen Umhang, magische, nicht alltägliche Kleidung und natürlich den Zauberhut, den sie gebastelt haben.
Alle sind bereits nervös und bekommen Lampenfieber. Die Tricks sind vorbereitet und liegen auf dem Requisitentisch. Jeder nimmt seinen Platz ein und schon geht es los. Die Show beginnt, die Musik läuft.

Dekorieren für die Vorstellung

Da noch etwas Zeit bis zur Aufführung besteht, können die Kinder in dem Raum ein zauberhaftes Ambiente schaffen. Das ist das i-Tüpfelchen. Wenn die Zuschauer den Raum betreten, sind sie überwältigt von der betörenden Ausstrahlung.
Als Dekoration bieten sich Luftballons an. Sie können sie im gesamten Raum an den Wänden anbringen. Eine weitere Möglichkeit besteht darin, den Bühnenhintergrund zu schmücken. Um den Bühnenrand zu betonen, können die Luftballons an einer Schnur befestigt werden, die um die Bühne hängt.

Ein anderer Vorschlag: Die Kinder malen ein großes Bild, wozu sich die Makkulaturrolle eignet. Sie können es als Bühnenhintergrund benutzen. Die Kinder überlegen sich ein Zaubermotiv, dass sie mit Farbe aufs Papier bringen. Bleibt noch viel Zeit, können Sie von den Kindern Schattenbilder anfertigen. Man befestigt hierzu ein großes weißes Blatt an der Wand. Sie setzen ein Kind davor und strahlen es mit einer Lampe an. Auf dem Blatt ist der Schatten zu sehen, der die Umrisse des Kopfes darstellt. Sie zeichnen die Umrisse nach und schneiden sie aus. Dies gilt nun als Schablone, die Sie auf ein schwarzes Blatt legen und auch diesmal die Umrisse nachmalen und ausschneiden. Schon haben Sie einen perfekten Scherenschnitt eines Kopfes in Übergröße. Die Größe richtet sich nach dem Format der Bühnen. Als Richtlinie gelten ca. 30–40 cm. Sie können die Größe variieren, indem das Kind weiter weg oder näher an die Wand herangeht.

Ballongirlanden als Bühnenschmuck

Als Dekoration empfehle ich Luftballons. Ich stelle Ihnen eine Dekorationsmethode vor, die etwas Zeit in Anspruch nimmt. Probieren Sie es bitte vorher aus.

Benutzt werden Ballons im Durchmesser von 30 cm, die Sie entweder mit einer Ballonhandpumpe, oder, falls vorhanden, mit einem elektrischen Gebläse aufblasen. Blasen Sie alle Ballons gleichgroß auf. Pro Meter brauchen Sie ca. 24 Stück.

- Je 2 Ballons werden zu einem Paar zusammengeknotet, z. B. je zwei weiße und je zwei andersfarbige.

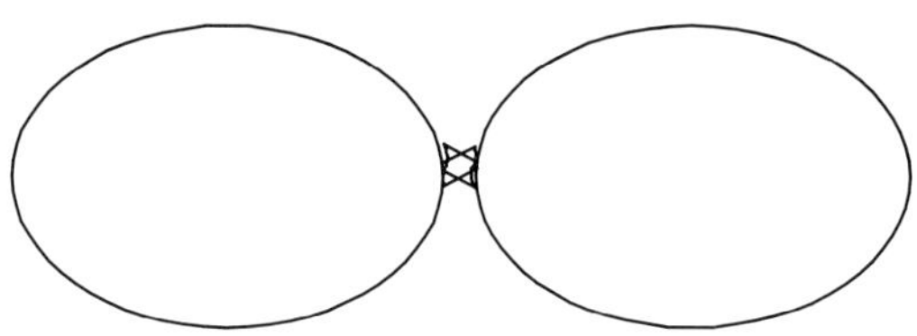

Abb. 46

- Jeweils 2 Ballonpaare werden an der verknoteten Stelle miteinander verbunden.

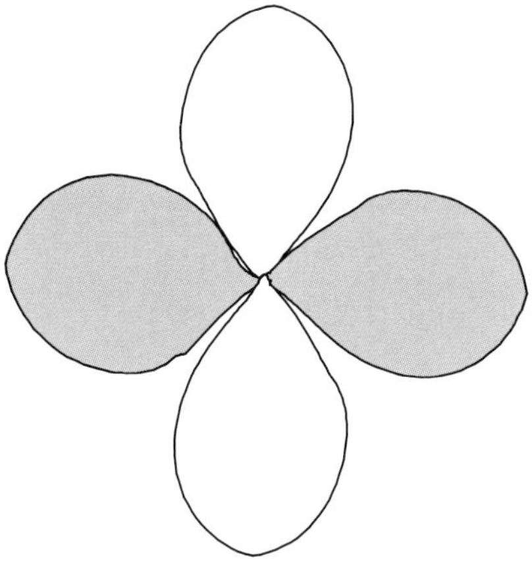

Abb. 47

Legen Sie die Ballonpaare wie in Abbildung 47 übereinander. Drehen Sie Ballon A und B, so dass sie ihre Plätze wechseln. Drehen Sie sie noch einmal, so dass sie ihren ursprünglichen Platz wieder eingenommen haben. Die Ballons sind nun in der Mitte miteinander verbunden. Es entsteht ein vierblättriges Kleeblatt. Dies ist unsere Grundform mit der wir weiterarbeiten.
Wenn Sie die Ballons abwechselnd zweifarbig gestalten, entsteht hinterher ein spiralenförmiges Gebilde. Sieben bis acht solcher „Ballonkleeblätter" brauchen Sie für einen Meter.

Nehmen Sie eine stabile Schnur, z. B. Angelschnur. Messen Sie die gewünschte Länge, die es zu dekorieren gilt, und rechnen Sie am Anfang und am Ende noch einen Meter hinzu zum Befestigen.
Nehmen Sie diese Ballonkleeblätter und knoten Sie die Schnur um die Mitte. Legen Sie ein weiteres Kleeblatt auf das erste, so dass die Ballons in den Lücken zwischen den Ballons liegen. Schlingen Sie das Seil zweimal um die Mitte des zweiten Gebildes. Es ist nun arretiert. Die beiden Kleeblätter sind aneinander befestigt.
Wenn Sie mehrere solcher Ballonkleeblätter an der Schnur übereinander befestigen, ergibt es eine toll aussehende Girlande (Abb. 48), die Sie ganz nach Ihren Wünschen gestalten können, z. B. als Torbogen am Eingang, oder als Bühnenschmuck rund um die Bühne herum.

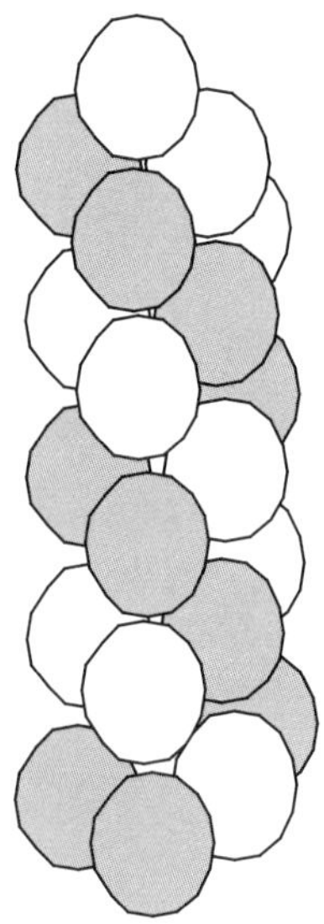

Abb. 48

Gesichter schminken

Durch Schminke können sich die Menschen verwandeln. Auf der Bühne oder im Theater können sie der Rolle, in die sie schlüpfen, mehr Ausdruck verleihen. Ein geschminktes Gesicht erkennt man nicht immer auf den ersten Blick, aber man erkennt sofort die Rolle, die es unterstreicht, als die man verkleidet ist, ob Räuber, Opa, Tier, Löwe oder Maus.
Auch Kinder lieben es, sich zu schminken und dann ganz anders auszusehen. Für die Zaubervorstellung sollte man dieses Hilfsmittel einsetzen. Wenn vor der Vorstellung noch genügend Zeit bleibt und die Kinder bereits verkleidet sind, können Sie die Kinder schminken. Die Zauberlehrlinge können sich auch gegenseitig schminken, oder sie setzen sich vor einen Spiegel und schminken sich selbst. Das einzige was man außer Schminke dazu braucht, ist eine ruhige Hand und etwas Phantasie.
Für den Anfang oder zur Überbrückung reicht der Lippenstift oder Kajalstift aus Mutters Schminkkoffer aus. Wer ausgefallenere Schminkgesichter gestalten möchte, sollte sich diverse Schminkutensilien zulegen. Sie sollten zu guten Markenschminkstiften greifen oder sogar einen Schminkkasten wählen mit mehreren Farben. Legen Sie sich zum Auftragen Pinsel und Schwamm zu.
Viele Kinder haben eine empfindliche Haut oder neigen zu Allergien. Aus diesem Grund ist es ratsam, nur wirklich gute Schminke zu besorgen, da die Gefahr besteht, dass die billigen Angebote Allergieauslöser enthalten.
Wie die kleinen Zauberer aussehen möchten, bleibt ihnen überlassen. Es kommt vor allem auf die Rolle an, die gespielt wird.
Die Augenbrauen können beispielsweise verändert werden, um einen anderen Ausdruck zu bekommen. Mit etwas Makeup werden die eigenen Brauen abgedeckt und die neuen Brauen an einer anderen Stelle gezeichnet. Oder es wird einfach die Form verändert.

Wenn Sie einen roten Punkt in den Augenwinkel neben der Nase malen, fangen die Augen an zu leuchten.
Das Gesicht kann durch einen Schnurbart verändert werden. Oder malen Sie

einfach die Lippen und Wangen rot an, um im Rampenlicht nicht so blass auszusehen.
Nach der Vorstellung wird abgeschminkt. Hierfür sollten Papiertaschentücher, Fettcreme und ein Spiegel bereit stehen. Die Fettcreme wird über das ganze Gesicht geschmiert. Mit dem Taschentuch wird alles abgewischt. Das kann öfters wiederholt werden, um das Gesicht richtig sauber zu bekommen. Danach wird das Gesicht mit Wasser und Seife abgewaschen.

Die Aufführung

Falls es möglich ist, verdunkeln Sie den Raum und beleuchten Sie die Bühne, wodurch eine magische Stimmung erzeugt wird.
Die Zuschauer treten in den Saal hinein, suchen sich ihren Platz und warten auf die magische Show. Die Spannung steigt, Stimmengewirr ertönt, bis der Ansager erscheint.
Der Höhepunkt der Zauberwerkstatt ist die Aufführung. Jetzt gibt es kein Zurück mehr. Nun stellt sich heraus, ob sich all die Mühe gelohnt hat und ob die Wahl der Tricks die richtige war. Belohnt wird jede Darbietung durch den wohl verdienten Applaus und den begeisterten und staunenden Gesichtern des Publikums.
Während einer meiner Vorstellungen passierte es, dass ein Kind nach einem rätselhaften Trick lautstark in die Zuschauermenge hineinrief: „Jetzt weiß ich, wie du das gemacht hast!"
Ein Raunen ging durch die Menge und alle schauten gespannt auf das Wunderkind. Bilder liefen in meinem Kopf ab innerhalb von Sekundenbruchteilen. Aber ich blieb ganz ruhig, man kann schon sagen, wie angewurzelt stehen. Es setzte mit lauter Stimme fort. „Du hast gezaubert." „Genau! Das habe ich", rief ich in die Menge hinein. Sofort entspannten sich die übrigen Zuschauer, und alle fingen herzhaft an zu lachen. Auch mit solchen Zwischenkommentaren müssen die kleinen Zauberer umgehen und sollten sich nicht aus der Ruhe bringen lassen.
Die Kinder erleben hautnah, was es bedeutet auf den Brettern zu stehen, die die Welt bedeuten. Sie erleben das Kribbeln, das Lampenfieber, die Aufregung vorher. Sie versetzen sich in eine Rolle, die sie sonst nur aus der Sicht des Publikums erleben. Sie selber stehen jetzt im Rampenlicht vor Dutzenden von Augenpaaren, die sie beobachten und verfolgen und vor Ohren, die ihnen zuhören, was sie zu sagen haben. Sie sitzen vor Menschen, die sich von ihnen verzaubern lassen.
Sie verwandelten sich vom Zauberlehrling zum Zaubermeister, weil sie Dinge können, die das Publikum nicht einmal erahnt. Sie können das Staunen

der Zuschauer nachempfinden, da sie selber während des Kurses verzaubert wurden und gelernt haben, andere zu verzaubern. Das unterscheidet sie vom Publikum.

Sie erleben, wie es ist, wenn Dutzende von Kindern einen Zauberspruch sprechen. Es ist wie eine Welle, die auf einen zukommt. Sie wissen was Zauberei bedeutet, dass hinter jedem Zauber ein Trick steckt. Es ist alles natürlich erklärbar, aber sie wissen auch, dass es nicht reicht, den Trickablauf zu kennen. Sie wissen auch, dass es wichtig ist, wie man einen Trick vorführt, damit aus einem technischen Ablauf Zauber wird. Und das haben sie verstanden und wenden es in der Zauberaufführung an.
Standing Ovations! Applaus! Applaus! Applaus!

Abschluss

Nach der Aufführung treffen sich alle Teilnehmer und Teilnehmerinnen mit der Kursleiterin, um einen gemeinsamen Abschluss zu finden. Ein letztes Mal setzen sie sich zusammen und sind stolz über das was sie geleistet haben. Alle schwelgen noch ganz euphorisch im siebten Zauberhimmel. Diese Stimmung ist ein guter Anlass, um den Zauberern eine Urkunde zu überreichen, in der ihre Name steht und das Datum des Zauberkurses. Vor allem aber ist die Urkunde eine Auszeichnung. Es ist eine schöne Erinnerung, an der die Kinder noch lange Freude haben werden.
Darüber hinaus kann natürlich jedes Kind berichten, wie es seine Darbietung empfunden hat. Danach wird sich bedankt und verabschiedet. Bis zum nächsten Mal.

Urkunde
als
Zauberer/in

Hiermit wird bestätigt, dass

____

an der Zauberwerkstatt als Zauberlehrling

am __________________________________

teilgenommen hat.

Er/Sie hat mit Auszeichnung in der Zaubervorstellung die Zaubertricks vor einem großen Publikum vorgeführt. Als Zauberer kann er/sie die Zauberei in der ganzen Welt vorführen.

_______________ ________________________

Datum Unterschrift

Zaubern im Kindergarten

Auch mit Kindergartenkindern kann das Thema zaubern aufgegriffen werden. Lassen Sie die Kinder in einem Stuhlkreis zusammenkommen. Um die Kinder auf das Zaubern einzustimmen, wählen Sie eine beliebte Geschichte mit einem Zauberer oder einer Zauberin aus und lesen Sie den Kindern daraus vor. Es gibt heutzutage eine große Auswahl von Zaubergeschichten in denen es männliche oder weibliche Zauberer gibt, z. B. „Zilly, die Zauberin“[3].
Reden Sie danach mit den Kindern über die Figur des Zauberers oder der Zauberin. Es gibt gute und böse Zauberer. Besprechen Sie, wie sie aussehen. Fragen Sie, was ein Zauberer alles braucht zum Zaubern. Die Kinder geben gerne Antwort und nennen Zauberstab, Zauberhut und so weiter. Fragen Sie, wer alles zaubern kann. Die Kinder antworten: Hexen, Zauberer, Feen und so weiter. Fragen Sie, welche Geschichten oder Märchen die Kinder kennen, in denen gezaubert wird, vielleicht haben sie auch schon im Fernsehen Geschichten gesehen.
Sagen Sie ihnen, dass sie mit ihnen zaubern möchten, was ein Zauberer braucht und zeigen Sie ihnen einen ersten Trick.
Lassen Sie die Kinder ein Zauberbild von einer Szene malen, die ihnen im Gedächtnis ist oder einfach, wie sie sich einen Zauberer oder eine Zauberin vorstellen.
Die jüngeren Kindergartenkinder glauben noch an wirkliche Zauberei und befinden sich im „magischen Alter“. Deshalb ist es bei kleineren Kindern unter 5–6 Jahren schwierig sie aufzuklären, indem man ihnen von Tricks erzählt. Ihr Sinn von Realität kann noch nicht den Trick mit dem vorgeführten Zauber verbinden. Sie können dies noch nicht umsetzen. Doch ist es auch möglich, mit Ihnen kleine Zaubererlebnisse zu lernen. Annalisa Neumeyer schreibt dazu, dass die Kinder vorwiegend Zauberkunststücke erlernen, in denen es kein Trickgeheimnis gibt. Diese beruhen auf Körperwahrnehmung oder Sinnestäuschungen.
Für die Gruppe ist der Trick „Der wandernde Finger“ ein guter Anfang.

Die älteren Kinder, die bereits schulfähig sind, können diese Trickgeheimnisse sehr wohl verstehen und auch umsetzen. Die kleineren Kinder stellen die Dekoration her, indem sie gemeinsam ein großes Bild malen, das als Bühnenhintergrund Verwendung findet.
Sie sind sehr gute Zuschauer für eine Zaubervorstellung. Ich habe festgestellt, dass ab 3 Jahren die Kinder ein gutes Zauberpublikum sind und sich auf eine Zaubervorstellung und deren Ablauf gut konzentrieren können. Sie reagieren auf die Vorführung, können Zaubersprüche mitsprechen oder Zauberpuste zupusten. Sie möchten gerne in die Vorstellung miteinbezogen werden.
In einer Gruppe bis zu sieben Kindern kann mit den zukünftigen Schulkindern eine kleine Zaubervorstellung erarbeitet werden, in dem einfache Tricks mit ihnen geprobt werden. Sie sind auch in der Lage, eine kleine Szene zu lernen oder sich eine Geschichte zu merken, die sie vortragen.

Für das Zauberprojekt im Kindergarten kommen selbstverständlich auch einige Zaubertricks in Frage, die am Anfang beschrieben wurden. Alle Kinder können den Zauberstab basteln, sowie den Zauberhut und natürlich den Zauberkasten aus dem Schuhkarton, auf den sie sehr stolz sein werden.
Die Tricks „Verwandlung eines Tuches in einen Ball“, „Durch eine Postkarte kriechen“ und „Die drei magischen Ringe“ sind für die angehenden Schulkinder bestens geeignet. Bei der Seifenblasennummer können auch die kleineren Kinder teilnehmen.
Als Einleitung können Sie die gespielte Phantasiereise nehmen und das Projekt mit allen Kindern beginnen. Hierbei sind auch die kleineren dabei, da märchenhafte Bilder umgesetzt und gespielt werden. Die Aufgaben können auch sie erfüllen; sie sind mit viel Spaß dabei. Ihr Körpergefühl wird gestärkt und sie hören gespannt zu, was die Erzieherin oder Kursleiterin erzählt und machen alle Gesten gerne mit.

Zum Abschluss wird ein Zauberfest gefeiert, auf dem die Zauberlehrlinge ihre gelernten Künste zeigen und zu dem auch die Eltern eingeladen werden können. Es werden Zaubertränke (z. B. eine Kanne Hagebuttentee kalt werden lassen, mit ½ Liter Apfelsaft auffüllen) gereicht.
Und Zauberkekse werden gegessen, die für die Gäste und die Zauberlehrlinge als Stärkung bereitstehen. Die Zauberlehrlinge werden dadurch groß und stark.
Den Raum können Sie zauberhaft dekorieren. Für die Spielfläche spannen Sie ein Seil durch den Raum, den Sie mit Haken an der Wand befestigen.

Legen Sie Tücher darüber, die Sie mit Klammern befestigen, oder legen Sie ein großes Blatt Papier darüber, dass Sie aus der Makulaturrolle zusammengeklebt haben. Die Kinder können es mit Zaubersymbolen bunt bemalen. Hierbei können wieder alle Kinder mitmachen. Dies dient zur Abdeckung. Die Zauberkinder können sich während der Zaubervorstellung dahinter aufhalten. Auch die Requisiten befinden sich dahinter. Und natürlich ist es eine wunderbare Bühnendekoration für die Zauberatmosphäre.
Alle Kinder lieben es, sich zu kostümieren. Für das Zauberfest haben sie dazu Gelegenheit. Nicht nur die Zauberlehrlinge verkleiden sich zauberhaft als Zauberwesen, sondern auch die Zuschauer dürfen verkleidet zu dem Zauberfest kommen.
Bei einem Auftritt in einem Berliner Kindergarten erlebte ich, dass die Kinder nach der Aufführung in den Sandkasten gingen um zu spielen. Sofort übernahmen sie das Thema Zaubern mit in ihr Spiel und zauberten aus den Förmchen Zauberkuchen. Es war sehr schön zu beobachten, wie sie phantasievoll sofort ihre eigene Zauberwelt aufbauten.
Folgende Zaubertricks haben sich besonders für Kindergartenkinder bewährt:

Der wandernde Finger

Effekt

Dieser Trick ist geeignet als Einsteigertrick für die gesamte Gruppe, bei dem auch die kleinen mitmachen können. Es werden keine zusätzlichen Materialien gebraucht und verwendet. Er beruht auf Fingerfertigkeit und die Konzentration wird hierbei geübt.
Es wandert der rechte Zeigefinger zur linken Hand hinüber.

Ablauf

Strecken Sie beide Hände auf Schulterhöhe in die Luft. Die Handflächen sind nach vorne gewand. Den Zeigefinger der rechten Hand strecken Sie nach oben. Mit der linken Hand bilden Sie eine Faust. Die Kinder machen die Geste nach. Sie bewegen die Hände langsam aufeinander zu und wieder auseinander. Dabei sagen Sie „Und nun werde ich diesen Finger durch die Luft wandern lassen. Eins, zwei, drei – es ist nichts dabei." Bei „drei" bringen Sie die Hände zusammen. Den Zeigefinger der rechten Hand lassen Sie in die Faust versenken und der Zeigefinger der linken Hand schnellt nach oben. Der Finger ist von einer Hand zur anderen gewandert.
Vollziehen Sie den Wechsel der Finger schnell während der Bewegung, so ist der Tausch kaum wahrnehmbar.

Abb. 49

Variante 1 :
Von der rechten Hand strecken Sie Zeige- und Mittelfinger nach oben. Von der linken Hand strecken Sie den Zeigefinger nach oben. Wenn Sie die Hände zusammenfügen, wandert der rechte Mittelfinger zur linken Hand herüber. Der rechte Mittelfinger versinkt in der Faust und der Mittelfinger der linken Hand schnellt nach oben.
Dies ist schon etwas schwieriger, da gleichzeitig die Zeigefinger in der Luft bleiben. Es bedarf schon etwas mehr Übung und Konzentration. Am Anfang langsam üben. Hinterher kann man mit etwas Schwung den Trick vollziehen, so dass die Bewegungen der Finger nicht wahrgenommen werden, es beeindruckt mehr das Geräusch, das die Hände dabei machen.

Variante 2: Der rechte Zeigefinger wandert zur linken Hand
Sprechen Sie einen Vers dazu:

„Es war einmal eine kleine Maus, *(Zeigefinger steckt in Faust)*
die ging aus ihrem Haus; *(Zeigefinger in Höhe strecken)*
an einem Bach kam sie nicht weiter,
es gab auch keine Leiter.

Sie sprang über das Nass *(Hände zusammen führen)*
So einfach war das. *(Zeigefinger wandern lassen)*
Nun konnte sie weiter gehen,
und endlich ihre Freunde sehen."

Der verschwindende Daumen

Effekt

Ein Daumen verschwindet und erscheint wieder. Auch dies ist ein Effekt, den die Kinder schnell erlernen können. Sie brauchen keine weiteren Materialien.

Die Kinder lernen die Bewegungen der beiden Hände zu koordinieren und aufeinander abzustimmen.

Ablauf
Halten Sie die linke Hand in Brusthöhe und bilden eine Faust. Den Daumen strecken Sie in die Höhe.
Erzählen Sie den Kindern, dass dies ihr Daumen ist, und dass Sie zaubern können. Sie haben gelernt ihn abzuschrauben. Nehmen Sie Ihre rechte Hand zu dem linken Daumen und nehmen ihn in Ihre rechte Faust. Machen Sie drei Drehungen nach rechts und sprechen dabei: „Eins, zwei, drei – das ist Zauberei“.
Beim dritten Mal versenken Sie den linken Daumen in der linken Faust und deuten an, als ob Sie ihn mit der rechten Hand abziehen würden. Sie schauen auf die rechte Hand, die angeblich den Daumen beherbergt. In der linken Hand ist er nicht mehr zu sehen. Pusten Sie ihn in die Luft und öffnen die rechte Hand. Nun hat sich der Daumen in Luft aufgelöst. Schauen Sie in die Luft und suchen ihn. Sie entdecken ihn. Visieren Sie einen Punkt an und ergreifen den scheinbaren Daumen wieder mit der rechten Hand. Hören Sie, ob er sich darin befindet. Nicken Sie und freuen Sie sich.
Setzen Sie die rechte Faust auf die linke Faust und strecken den linken Daumen nach oben, sodass er wieder in der rechten Hand steckt. Fragen Sie die Kinder nach einem Zauberspruch und sprechen ihn gemeinsam mit den Kindern. Machen Sie dabei drei Drehungen nach links. Nun haben Sie ihn mit Hilfe der Kinder wieder angeschraubt. Ziehen Sie die rechte Hand ab und präsentieren den Daumen stolz dem Publikum.

Variante
Wenn der Daumen in die Luft gepustet wurde, holen Sie eine kleine Schachtel hervor. Sie ist so groß, dass der Daumen darin Platz hat. Es befindet sich ein Loch darin, wodurch der Daumen passt.
Setzen Sie die Schachtel auf die linke Hand, führen den Daumen durch das Loch und legen ihn um, sodass die Kinder ihn noch nicht sehen können. Nehmen Sie den unsichtbaren Daumen mit der rechten Hand aus der Luft und legen ihn in die Schachtel hinein. Jetzt zeigen Sie den Kindern den Daumen, der sich sogar bewegen kann.
Nehmen Sie ihn mit der rechten Hand scheinbar wieder heraus und pusten ihn in die Luft. Ziehen Sie den Daumen aus der Schachtel heraus und legen Sie sie beiseite. Fahren Sie fort wie es oben beschrieben ist, und lassen den Daumen wieder auf der Hand erscheinen.

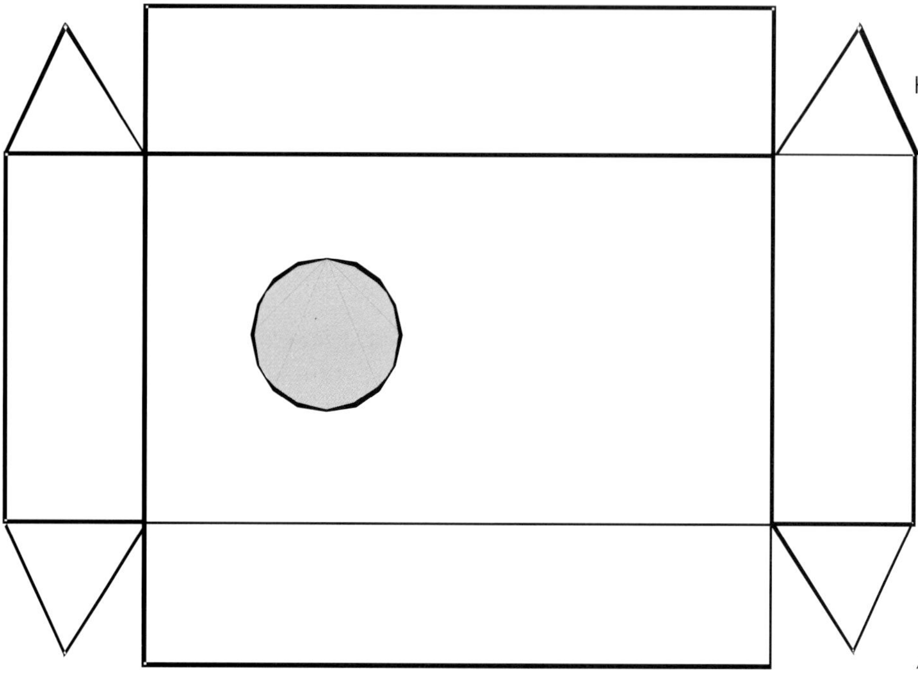

Abb. 50

Anleitung für die Schachtel

1. Kopieren Sie die Vorlage der Schachtel und schneiden sie aus.
2. Knicken Sie die Wände nach außen um, und die Klebelaschen nach innen.
3. Kleben Sie die Vorlage auf bunten Fotokarton. Schneiden Sie den Umriss aus, sowie den Kreis in der Mitte.
4. Kleben Sie die Klebelaschen fest.
5. Kleben Sie noch etwas Watte in die Schachtel hinein, auf die der Daumen weich gebettet ist. Dadurch ist auch das Loch nicht so leicht zu sehen.

Spiel: Schleuderfigur

Teilnehmerzahl
ab 4 Personen

Material
Ein Zauberstab

Nach dem Proben, Basteln und Üben kann zur Entspannung ein lockeres Bewegungsspiel stattfinden. Auch im Spiel kann das Thema Zaubern aufgegriffen werden. Es können auch die Kleinsten mitmachen. Bei „Schleuderfigur" stellen die Kinder verschiedene Gegenstände oder Tiere dar und versetzen sich in diese Rolle hinein. Kreativität und Körpergefühl werden angesprochen und die Phantasie angeregt. Die Kinder werden in ihrer Grobmotorik gefördert, sowie in ihrer Entscheidungsfähigkeit gestärkt. Durch das Ausprobieren der Gegenstände werden auch Berührungsängste abgebaut.

Ablauf

Ein Kind wird ausgewählt, das die Rolle des Zauberers übernimmt. Es bekommt den Zauberstab. Der Zauberer wählt ein weiteres Kind aus und nimmt es an die Hand. Dann dreht er sich um die eigene Achse. Das Kind wird dabei sanft mit herumgeschleudert. Durch die Bewegung und die Fliehkraft wird es nach außen gezogen. Irgendwann lässt der Zauberer los. Der Mitspieler lässt sich fallen oder bleibt in einer Formation stehen. Seine Bewegungen sind eingefroren. Der Zauberer wiederholt dies bei allen Mitspielern.

Wenn sich alle Zauberlehrlinge in einer starren Form befinden, bewegt der Zauberer seinen Zauberstab mit einer magischen Bewegung über den Figuren. Er denkt sich einen Gegenstand aus, den die Zauberlehrlinge darstellen sollen, z. B. Sessel, Sofa, Pferd, Roboter, Stuhl oder Ähnliches. Dann sagt er beispielsweise „Alle Figuren verwandeln sich in einen Stuhl“. Er schließt die Augen.

Die Zauberlehrlinge denken sich eine Form aus, wie sie am Besten mit ihrem Körper den Gegenstand darstellen können und nehmen diese Form ein.

Sind alle Personen fertig, so öffnet der Zauberer die Augen und testet alle Gegenstände der Reihe nach durch. Er kann sich z. B. auf den Stuhl setzen oder den genannten Gegenstand in irgendeiner Weise ausprobieren. Der Zauberer wählt den Gegenstand aus, der ihm am Besten gefallen hat und übergibt diesem Zauberlehrling den Zauberstab. Er ist der neue Spielleiter und Zauberer. Dann stellen sich alle Mitspieler wieder hin. Das Spiel beginnt von vorn. Es wird solange gespielt, wie die Kinder Spaß daran haben oder die Zeit es zulässt.

Das Durchbohren

Materialien

Zauberstab, weiße Papphülle, Schere, Kleber, Pullover oder Jacke mit langen Ärmeln

Ablauf

Der Zauberer durchbohrt seinen Assistenten mit dem Zauberstab. Wenn er ihn wieder herauszieht, ist der Assistent selbstverständlich unversehrt.

Erklärung

Dieser Trick ist eine geniale Illusion und optische Täuschung. Eine kleine weiße Hülle aus Fotokarton wird über den Zauberstab geschoben, sodass sie die weiße Seite des Stabes überdeckt. Der Zauberer legt das schwarze Ende des Stabes auf den Bauch des Assistenten. Er schiebt die Hülle nach vorn über den gesamten Stab. Das Ende mit der weißen Seite verschwindet

im Ärmel des Zauberers. Es schiebt sich automatisch dort hinein. Es entsteht der Eindruck, als ob sich der Stab in den Bauch schiebt. Wenn der Zauberer die Hülle wieder zurückschiebt, erscheint der Stab wieder.

Basteln

Schneiden Sie ein Stück weiße Pappe von einem Fotokarton ab in der Größe 5 cm x 5 cm. Rollen Sie es über den Zauberstab und kleben es zusammen, sodass eine kleine Röhre entsteht, die sich leicht über den Stab schieben lässt.

Ablauf

Der Zauberer kommt mit seinem Assistenten auf die Spielfläche. Er hat ein langärmliges Kleidungsstück an. In seiner rechten Hand hält er den Zauberstab mit der Hülle darüber. Er stellt sich und seinen Assistenten dem Publikum vor. Er kündigt an, dass er diesen Trick nur machen kann, weil er ihn in jahrelangem Zaubertraining gelernt hat. Niemand außer ihm dürfe diesen Trick vorführen, weil er sehr gefährlich ist.
Er dreht sich mit der Seite zum Publikum, sodass der rechte Handrücken zu den Zuschauern zeigt. Er setzt den Stab auf den Bauch des Assistenten, und schiebt die Hülle langsam nach vorn. Der Assistent macht einen angestrengten Gesichtsausdruck. Der Stab verschwindet im Ärmel. Das kann das Publikum nicht sehen. Wenn die Hülle bis zum Bauch geschoben ist, hält er das restliche Stabende mit der linken Hand fest, damit der Stab nicht abrutscht. Dann zieht er die Hülle langsam zurück. Und zieht den Stab heraus. Er zeigt den Zuschauern, dass sein Assistent unversehrt ist. Beide verbeugen sich und nehmen ihren Applaus entgegen.

Strohhalme vermehren

Material

10 Strohhalme, Becher oder Glas, Schere, Stuhl, Tisch

Ablauf

Ein Gast zaubert aus fünf Strohhalmen 10 Strohhalme.

Erklärung

Es handelt sich bei diesem Trick um eine Spielszene, bei der schauspielerisches Talent gefragt ist. Der Trick ist einfach zu lernen und leicht vorzuführen. Jeder Strohhalm besteht aus zwei Halmen, die übereinander geschoben sind. Da der obere etwas kürzer ist und der Länge nach eingeschnitten wurde, kann man ihn gut abziehen oder über den anderen stülpen.

Vorbereitung

Nehmen Sie die dicken Strohhalme die einen Knick haben. Schneiden Sie die Halme unterhalb des Knicks ab und verwenden Sie die längere Seite. Bei fünf Strohhalmen wird an einem Ende zusätzlich 2 cm abgeschnitten. Den übrigen Halm schneiden Sie mit einer schmalen Schere der Länge nach auf. Diesen Halm können Sie ganz einfach über einen unversehrten Halm schieben. Niemand bemerkt, dass es sich um zwei Halme handelt. Schieben Sie über alle fünf Halme die Hüllen darüber. Am unteren Ende, an der sich keine zwei Halme übereinander befinden, wird der präparierte Halm festgehalten. So kann man ganz einfach den oberen Halm abziehen. Er wurde verdoppelt.

Abb. 51

Vorführung

Auf der Bühne steht ein Tisch mit einem Stuhl. Ein Gast kommt auf die Bühne und setzt sich an den freien Tisch. Der Kellner kommt zu dem Gast und fragt ihn, was er bestellen möchte. Der Gast bestellt ein Glas Sprudel mit 10 Strohhalmen. Der Kellner fragt verdutzt nach. Dann geht er ab und kommt zurück mit einem Glas, in dem sich fünf Strohhalme befinden. Er stellt es vor den Gast auf den Tisch. Der Gast ist empört und beschwert sich. Der Kellner antwortet, dass es leider nur noch fünf Strohhalme gibt und geht ab.

Da der Gast keine 10 Strohhalme bekommen hat, überlegt er sich, dass er ja zaubern könnte. Er nimmt die fünf Strohhalme in die Hand und zählt sie durch. Er macht eine magische Bewegung und spricht einen Zauberspruch. Er zieht einen doppelten ab. Er zählt sie wieder durch und hält nun sechs in seiner Hand. Er stellt den hervorgezauberten Halm in das Glas. Er wiederholt den Vorgang bis er 10 Strohhalme hat und fordert das Publikum auf mitzuzählen. Dann stellt er sie alle in das Glas und trinkt daraus. Er lächelt zufrieden.

Er ruft den Kellner um zu zahlen. Der Kellner kommt zurück und wundert sich über die 10 Strohhalme. Der Gast sagt ihm, dass er zaubern kann. Der Ober nimmt die Bezahlung entgegen, nimmt das Glas und zuckt mit den Schultern. Er geht ab. Der Gast nimmt seine Jacke und geht ebenfalls ab. Zum Schluss kommen beide auf die Spielfläche zurück und verbeugen sich.

Tipp

Sprechen Sie mit den Kindern darüber, wie man einen Kellner und einen Gast darstellt, z. B. kann der Kellner ein Geschirrtuch über dem Arm tragen, womit er erst einmal den Tisch abwischt.

Großvaters Abenteuer auf See

Material
doppelseitiges Blatt einer Tageszeitung, Kleber

Ablauf
Aus einem Zeitungsblatt wird ein Hut gefaltet. Damit geht man auf die Spielfläche. Es wird ein Schiff daraus gefaltet. Durch eine bestimmte Zerreißtechnik entsteht ein Hemd.

Erklärung
Hierbei gibt es keinen Trick im eigentlichen Sinne. Durch die Technik des Papierzerreißens entsteht aus dem Schiff ein Hemd, dass die Kinder sich überziehen können. Die Kinder können beim Üben die Wellenbewegungen des Schiffs mitmachen. Die gesamte Gruppe stellt sich im Kreis auf, verfolgt die Erzählung der Erzieherin und spielt alles nach.

Vorbereitung
Zuerst wird aus dem Blatt ein Hut gefaltet. Das geht so:

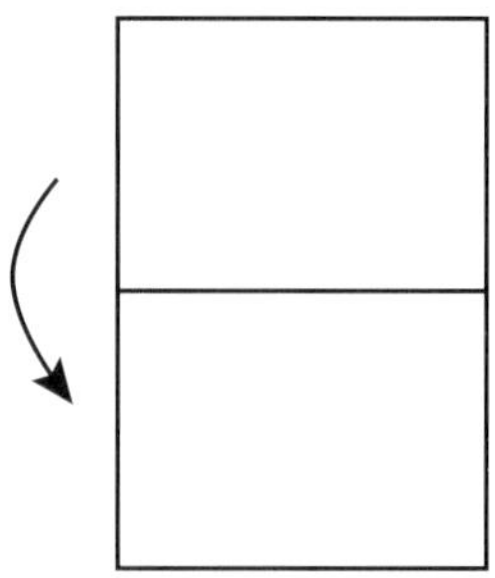

Knicken Sie das Blatt entlang der Mittelfalte.
Knicken Sie das Blatt noch einmal in der Mitte. und klappen es wieder zurück, so dass ein Doppelblatt entsteht.
Das Blatt liegt mit der geöffneten Seite nach unten vor Ihnen.

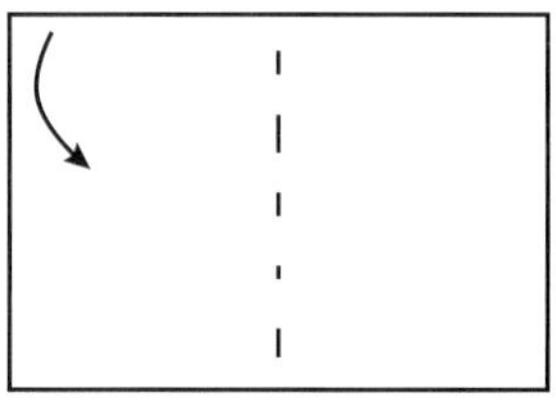

Falten Sie die linke obere Ecke des Doppelblattes bis zur Mittellinie.

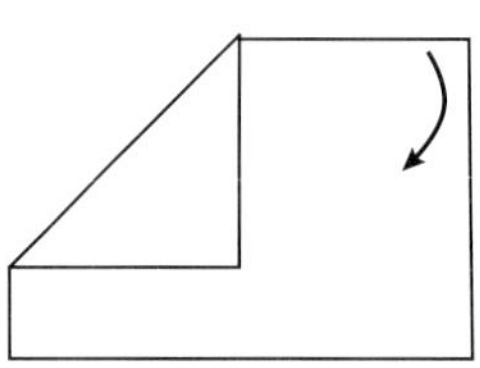

Falten Sie die rechte obere Ecke bis zur Mittellinie.

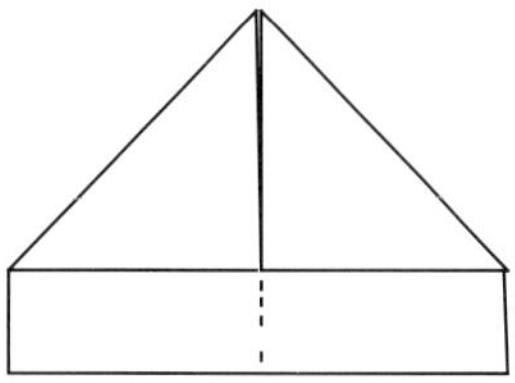

Knicken Sie den vorderen unteren Balken nach oben.
Knicken Sie die linke und rechte Ecke des Balkens um die Zeitung herum und kleben es fest. Es wird herum gedreht und das gleiche mit dem anderen Balken gemacht.

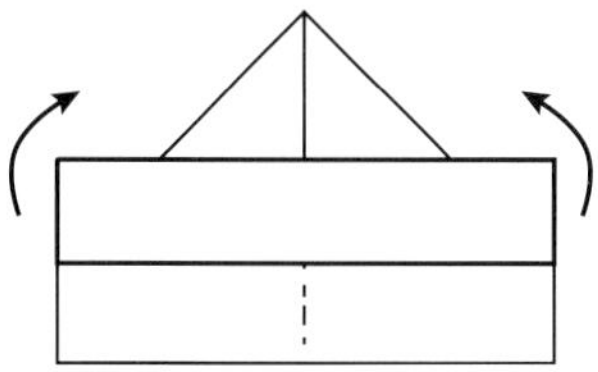

Fertig ist der Seemannshut. Setzen Sie ihn auf.

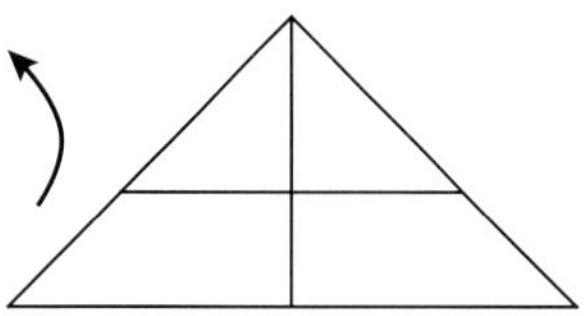

Vorführung

Erzählen Sie dem Publikum folgende Geschichte:
„Merlins Großvater war ein großer Zauberer und er fuhr gerne zu See. Sein Schiff lag im Hafen und die Mannschaft war bereit zur Reise."

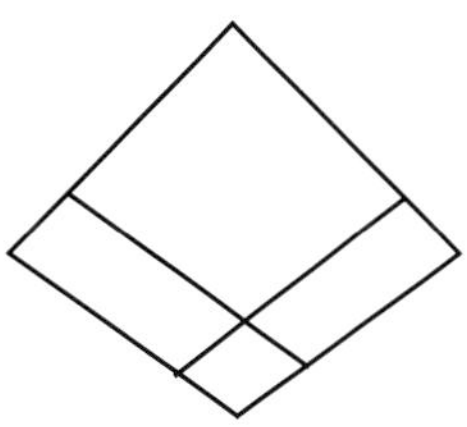

Falten Sie aus dem Hut ein Schiff. Das geht so:
Legen Sie die unteren beiden Hutspitzen aufeinander, so dass ein Quadrat entsteht.
Falten Sie die untere vordere Ecke bis zur oberen.
Wiederholen Sie dasselbe mit der hinteren Ecke.

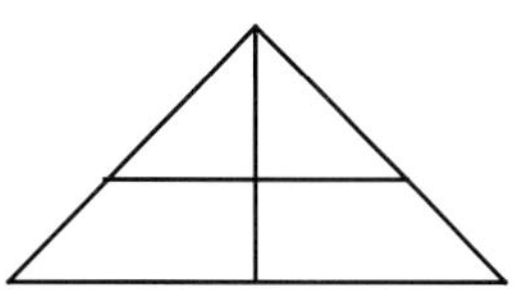

Es entsteht ein kleiner Hut.
Knicken Sie wie oben beschrieben den Hut ebenfalls auf, sodass ein Quadrat entsteht.

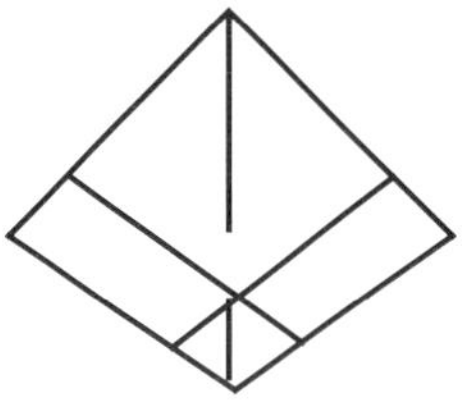

An der oberen Ecke finden Sie zwei Zipfel. Ziehen Sie daran die eine Ecke nach links und die andere nach rechts. Magisch entsteht das Schiff mit einem Masten und Segel.

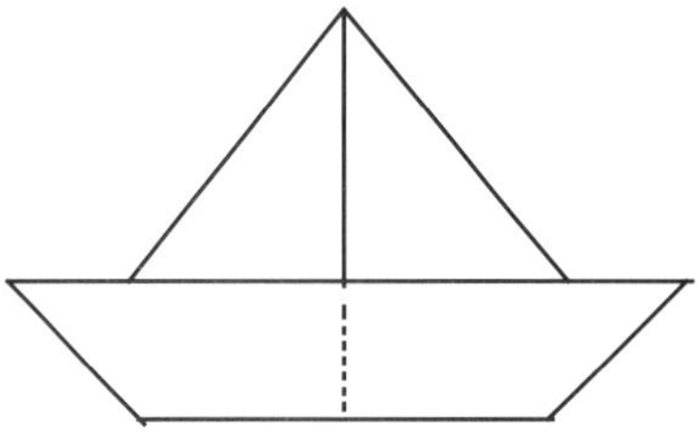

„Dies ist das Schiff des Großvaters. Damit fuhr er auf dem Meer.“
(Halten Sie es in ihrer Hand und zeigen Sie, wie es auf den Wellen hoch und runter fährt.)

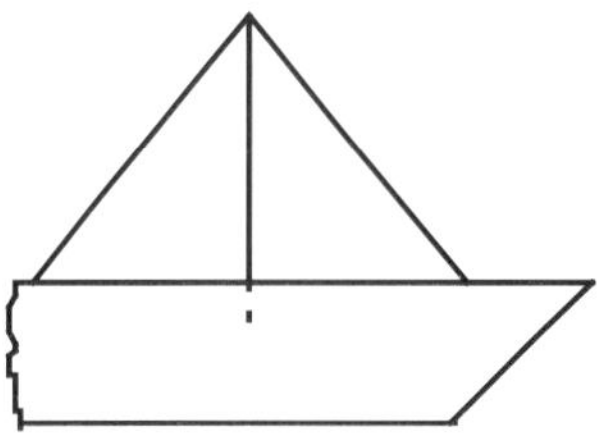

„Drei Tage waren sie unterwegs, als ein starker Sturm aufkam.
(Lassen Sie das Schiff auf immer größeren Wellen fahren.)
Die Mannschaft hatte viel zu tun. Irgendwann wurde der Sturm so stark, dass sie auf eine nahe gelegene Insel zusteuerten. Jedoch konnten sie das Ruder nicht halten. ‚Holt das Segel ein‘, rief der Großvater. Aber es war schon zu spät. Der Bug krachte auf einen Felsen und brach ab.
(Reißen Sie die vordere Seite des Schiffes ab.)

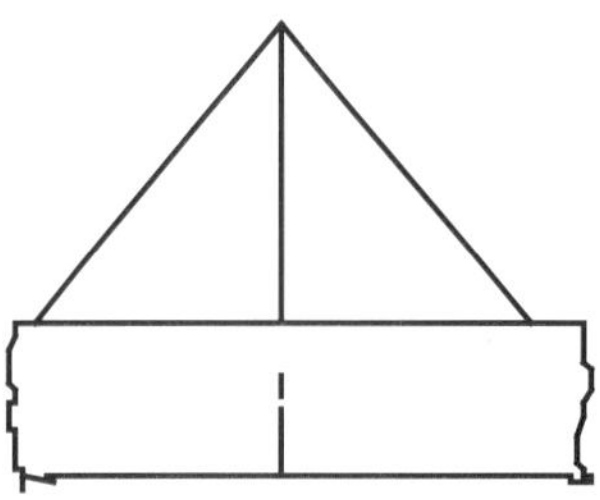

Das Schiff schleuderte herum und das Heck stieß auf den Felsen und brach ebenfalls ab. (Reißen Sie die hintere Seite des Schiffes ab).

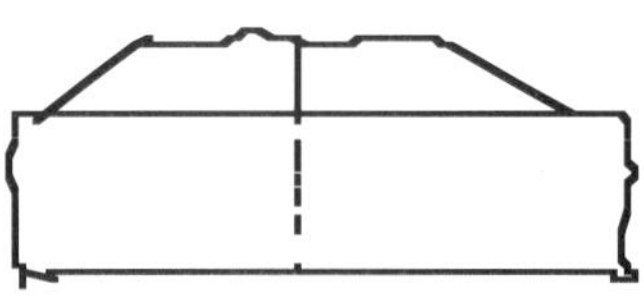

Das Schiff trudelte und versank kopfüber im Meer, so dass ihm auch der Masten abriss. (Reißen Sie den Masten ab.)

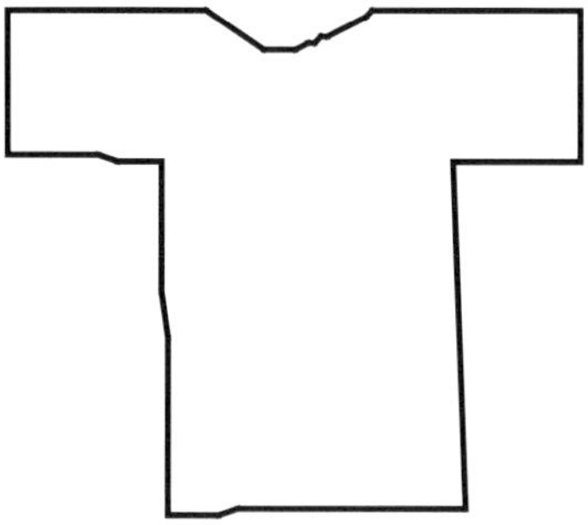

„Gott sei dank hatte Großvater allen Seeleuten Schwimmwesten herbeigezaubert, womit sie auf die Insel schwimmen konnten und gerettet wurden.“
(Falten Sie das Schiff auseinander. Sie halten eine Schwimmweste in der Hand, die Sie durch den Halsausschnitt überziehen können.)

Lisa, die Streichholzschachtel

Materialien

1 Streichholzschachtel, Schere, ca. 30 cm Schnur, Rundstab ca. 0,5–0,7 cm Durchmesser, Kleber, Säge

Effekt

Eine Streichholzschachtel rutscht an einer Schnur runter. Wenn der Zauberer „Stopp“ sagt, bleibt sie an der Stelle am Seil stehen. Sagt er „Lauf“ rutscht sie weiter nach unten.

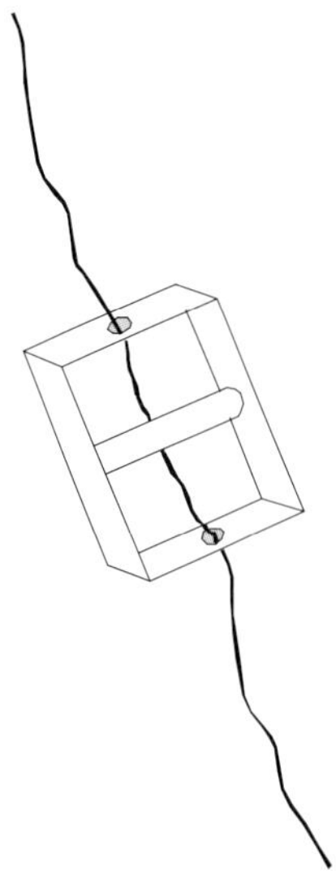

Abb. 53

Erklärung

Die Streichholzschachtel ist auf eine Schnur gefädelt. In der Streichholzschachtel ist quer ein Stück Rundstab geklebt. Die Schnur führt dahinter entlang. Wenn die Schnur gespannt wird, funktioniert der Stab als Bremse und die Schachtel hält an.

Anleitung

1. Nehmen Sie eine leere Streichholzschachtel. Schneiden Sie mit einer spitzen Schere ein Loch in die Mitte der schmalen Seiten hinein.
2. Dadurch fädeln Sie die Schnur.
3. Verknoten Sie die Enden der Schnur oder knoten Sie an die Enden je eine kleine Holzperle, damit die Schachtel nicht dort herunter rutscht.
4. Messen Sie die schmale Seite der Schachtel und sägen Sie ein Stück Holz in dieser Größe von dem Rundstab ab.
5. Kleben Sie den Stab in die Mitte der Schachtel hinein.

Vorführung

Der Zauberer kommt mit seiner Streichholzschachtel auf die Bühne. Er erzählt folgende Geschichte:

Der Clown Fips hatte für seine Zirkusvorstellung schon eine Menge Tiere dressiert. Jetzt wollte er etwas Neues ausprobieren. Eine Streichholzschachtel wollte er dressieren. Er spannte sie über eine Schnur. (Die Schnur senkrecht halten, Streichholzschachtel auf Schnur zeigen und von oben nach unten rutschen lassen).

Aber sie wollte sich einfach nicht dressieren lassen. Er übte und übte mit ihr, aber es klappte nicht (noch mal rutschen lassen). Er wollte es schon aufgeben und sie zum Altpapier werfen. Da kam eines Tages seine Frau auf eine Idee. Sie sprach mit der Streichholzschachtel und fragte, warum sie nicht gehorchen wollte. Da auf einmal fing die Streichholzschachtel an zu reden. Sie erzählte, dass sie Lisa hieß und dass sie Angst habe. „Aber warum hast du Angst?“, fragte die Clownin.

„Ich habe Angst, dass ich, wenn ich leer bin und alle Streichhölzer aufgebraucht sind, zum Altpapier geworfen werde und sterben muss, so wie die anderen Streichholzschachteln.“

Ach, das war das Problem. Die Clownin versprach Lisa, dass sie nicht zum Altpapier geworfen wird.

Lisa freute sich darüber. Und von diesem Tage an konnte der Clown mit Lisa proben. Wenn er „ Stopp“ sagte, blieb sie stehen. (Lisa rutschen lassen und bei Stopp an den Schnurenden ziehen) Dann hielt sie sich an der Schnur fest und fiel nicht mehr runter. Wenn er „Lauf“ sagte ließ sie los und sie fiel weiter (noch mal wiederholen). Das klappte so toll, dass sie viele Aufführungen hatten und viel Applaus bekamen.

Lasst die Kinder zaubern!

Zauberei in sozialpädagogischer und therapeutischer Hinsicht

Zauberei hat nicht nur einen Unterhaltungswert. Sie ist durchaus zu therapeutischen Zwecken einsetzbar. Es gibt bereits Zauberer, die in Krankenhäusern auftreten und dadurch den Kindern die Angst vor der Krankheit oder der Operation nehmen.
David Copperfield gründete das „Project magic", in dem behinderte Menschen Zaubern lernen und zur Therapie motiviert werden. Das Programm wird in Krankenhäusern in über 30 Ländern praktiziert. „Es motiviert den Patienten in seiner Therapie und unterstützt den Aufbau von Selbstvertrauen", erklärt David Copperfield.
Auch ich habe immer wieder die Erfahrung gemacht, wie Kindern durch das Zaubern geholfen wurde. David Copperfield sagt: „Ich habe die Freiheitsstatue verschwinden lassen und bin durch die chinesische Mauer gegangen, aber das ist nichts im Vergleich dazu, zu sehen, wie ein Kind im Rollstuhl langsam lernt, wieder seine Hände zu bewegen, um einen magischen Knoten zu lösen."

In Bielefeld hatte ich einen 12-jährigen Jungen in meiner Gruppe. Er stammte aus einer Familie mit Migrationshintergrund. Er war übernervös. Die Nervosität äußerte sich vor allem darin, dass seine Augen ständig zuckten. Er stotterte und litt an Schüchternheit. Von den anderen Kindern wurde er oft gehänselt. In der Vorstellung war er wie ausgewechselt. Er wurde trotz Lampenfiebers ruhig und konzentriert. Sein Augenzucken ließ sichtlich nach, als er sich auf eine Sache konzentrierte. Er erntete nach seinen Darbietungen großen Beifall.

In Kassel äußerte eine Sozialpädagogin Bedenken, dass die verhaltensauffälligen Kinder die Zeit von 3 ½ Stunden Zauberkurs pro Tag durchhalten würden. Wir arbeiteten die ganze Zeit intensiv mit den Kindern zusammen.

Die Zeit war noch zu kurz. Sie waren begeistert, noch viel später fragten die Kinder, wann es wieder einen Kurs gäbe.

In Gifhorn hatte ich ein behindertes 11-jähriges Mädchen in meiner Gruppe mit einer starken Skoliose. Sie war total verschüchtert, Außenseiterin und hatte eine ganz leise piepsige Stimme. Für die Aufführung bekam sie einen leichten Trick, bei dem sie nur drei Sätze sagen musste. Ca. 40 Leute waren zur Vorstellung anwesend. Sie trat vor die Leute und zauberte. Sie bekam einen riesigen Applaus. Danach kam sie hocherfreut zu mir und sagte „Das war der tollste Tag für mich."

In Einbeck gab es eine Menge Störenfriede, die nicht ausgelastet waren. Ununterbrochen störten sie den Ablauf. Nach ungefähr zwei Tagen wurden sie ruhiger und fingen an konzentrierter mitzuarbeiten. Sie zeigten Einsatz. Ihre Eltern berichteten, sie seien wie ausgewechselt. Sie kamen nach dem Kurs nach Hause und gingen in ihr Zimmer. Fernsehen interessierte sie nicht mehr. Sie zeigten den Eltern, was sie gelernt hatten und redeten zum ersten Mal seit langer Zeit wieder begeistert mit ihnen.

In Uslar hatten wir einen Jungen in unserer Gruppe, der absolut keinen Laut von sich gab. Er redete nur mit seinem Bruder, wenn keiner dabei war. Ich habe nie seine Stimme vernommen. Aber er war eifrig bei der Sache. Er bastelte gerne und war sehr vergnügt. In der Zaubervorstellung übernahm er einen Part. Er reichte die Stäbe bei der Schwerterkiste an. Es war eine Überwindung für ihn, da er getrennt von seinem Bruder, gemeinsam mit anderen Kindern, den Trick vorführen sollte. Auch er meisterte seine Rolle, verbeugte sich und bekam einen großen Applaus. Für ihn war die Darbietung eine Glanzleistung, die ihm half seine Ängste und Stummheit zu meistern.

In Vellmar arbeite ich seit 1988 mit einer Kollegin zusammen. Gemeinsam bauten wir die Gruppe Zaubermond auf. Die meisten Jugendlichen waren von Anfang an dabei. Wir stellten mehrere Zauberprogramme auf und gaben regional und überregional viele Aufführungen. Wir erarbeiteten viele Profitricks. Die Kinder strotzen vor Selbstbewusstsein und entwickelten eine große Eigendynamik. Mittlerweile geben Sie ihre eigenen Auftritte auf Kindergeburtstagen und Kinderfesten.

Dies sind nur einige wenige Beispiele, die zeigen, wie Zauberei helfen kann. Dadurch, dass die Kinder eine eigene Aufgabe bekommen, man ihnen etwas zutraut und sie merken, dass sie andere begeistern können, entwickeln sie selbst viel Begeisterung, die wertvoll für ihre Entwicklung ist und zum Aufbau eines gesunden Selbstbewusstseins beiträgt.

Verwandlung

Alle unsere Kurse waren fast immer voll belegt. Einmal war es anders. Es ereignete sich Folgendes: Eine Institution engagierte meine Partnerin und mich zu einem Mädchentag. Es sollten drei Gruppen entstehen – Kabarett, Pantomime und Zauberei für 20 Mädchen im Alter von 14–16 Jahren. Die Leiterinnen waren zwei professionelle Schauspielerinnen und wir. Wir planten einige Tricks speziell für dieses Alter abgestimmt. Damit die Mädchen einen Überblick über das Angebot bekamen, sollte sich jede Gruppe mit einer Szene darstellen. Die anderen Leiterinnen zeigten eine kurze Szene, bei der sie ihr ganzes schauspielerisches Können anwendeten. Doch diese Szenen sollten nicht mit den Teilnehmern erarbeitet werden. Wir wählten eine kleine Darbietung eines Tricks aus unserem Programm aus, das wir für diesen Tag geplant hatten, damit wir nicht zuviel verraten würden.
Es kam wie es kommen musste. Bei uns meldete sich ein einziges 15-jähriges Mädchen an. Wir waren etwas überrascht. Zuerst dachten wir, wir müssten den Kurs absagen, doch die Jugendliche war bereit auch alleine teilzunehmen. So waren wir also zwei Kursleiterinnen und eine Teilnehmerin.
Es stellte sich heraus, dass sie eine Einzelgängerin war und somit ihr die Rolle als Außenseiterin nichts ausmachte. Die anderen waren eine feste Clique, die nicht getrennt werden konnte.
Es machte riesigen Spaß mit ihr. Den ganzen Tag arbeiteten wir zusammen. Da wir uns nur auf sie konzentrierten, konnten wir spezielle Tricks mit einbauen, die sie begeistert annahm. Ihre Neugier und ihre Lernbereitschaft verschmolzen mit unserer Freude am Zaubern und dem Lehren von magischen Elementen. Am Ende hatten wir ein reichhaltiges Zauberrepertoire erarbeitet.
Nun kam die schwierige Entscheidung, sich einer Vorstellung zu stellen. Für eine Gruppe wären 10–15 Minuten Darstellung eine Kleinigkeit gewesen, aber als Anfängerin allein ist das eine große Aufgabe. Sie entschied sich tatsächlich dazu, den Auftritt mit allen Szenen alleine vorzuführen. Wir feilten und feilten bis wir aus den einzelnen Szenen eine zusammenhängende Vorstellung entwickelten. Als sich alle drei Gruppen trafen, war unser Programm komplett.

Die anderen Gruppen zeigten je eine 10-minütige Szene. Dann waren wir an der Reihe. Unsere Zauberdame bekam einen Zylinder auf und wählte den Künstlernamen Merlin. Meine Partnerin reichte ihr die Tricks während der Vorstellung an, und ich übernahm die Musikeinspielungen.

Das Mädchen spielte ihre Rolle souverän und gekonnt wie ein Profi. Sie erhielt oft Szenenapplaus und alle waren begeistert. Ein Journalist, der anwesend war, fasste den ganzen Tag in einem Artikel zusammen. Unsere junge Zauberin lichtete er in Großaufnahme für seine Zeitung ab.

Endlich wurde sie von den anderen beachtet, anerkannt und als Gruppenmitglied akzeptiert. Nach der Vorstellung umlagerten alle unsere Merlin. Sie fühlte sich wie eine Königin. So erlebten wir, wie die Unterstützung der Zaubertricks bei ihr eine Verwandlung auslöste, die ich als die wahre Zauberei bezeichne.

Noch mehr Zauberhaftes

Weitere Möglichkeiten, Zauberei zu erlernen

In der heutigen Zeit, in der David Copperfield durch das Fernsehen weltberühmt wurde, Harry Potter die Herzen von kleinen und großen Lesern verzaubert hat und die Zauberei immer mehr an Beliebtheit gewinnt, sind viele Menschen von der Magie begeistert. Wer einen Zauberer auf der Bühne erlebt, gerät ins Träumen und fragt sich, wie das wohl vor sich geht. Zerstörte Dinge werden wieder ganz, Tücher erscheinen oder verschwinden. Menschen werden zersägt oder schweben. Wer einmal erlebt hat, wie Copperfield über die Bühne fliegt, oder wie er es schneien lässt, der gerät in einen Bann, der erlebt die Zauberei als Faszination, als Poesie des Alltags. Wer sich von dem Fieber hat anstecken lassen, den die Zauberei verbreitet, der fragt sich natürlich, wo und wie gibt es Möglichkeiten, mehr darüber zu lernen. Es gibt sie tatsächlich. Wer nicht gleich Mitglied in den ortsansässigen magischen Zirkeln werden will, der kann sich zuerst anderweitig erkundigen.

Es gibt in sämtlichen größeren Städten, sowie in ausgewählten kleineren Orten Zauberläden, in denen sich auch interessierte Anfänger und Anfängerinnen umschauen dürfen. Es ist auf jeden Fall ein besonderes Erlebnis, sich in solch einem Laden umzusehen.

All die Zaubereien, die man sonst nur im Fernsehen sieht, sind hier versammelt, Ringe, Seidentücher, Kisten und Kästen, Zylinder, Zauberstäbe, bunte Umhänge, Riesenwürfel für die Bühne, Zauberbücher, Zaubertische, diverse Stoffhasen, Photos von berühmten Zauberkünstlern und vieles mehr.

Natürlich kann man sich nicht gleich auf die „Wunder" stürzen; der Verkäufer fragt, welcher Trick oder welche Richtung Sie interessiert, Tücher, Seile, Großillusionen? Für Kinder oder für Erwachsene? Es herrscht nämlich keine Selbstbedienung. Äußern Sie Ihren Wunsch und der Verkäufer führt Ihnen gerne einige Tricks vor. Verraten wird erst, wenn Sie sich bereit erklären, den Trick zu kaufen.
Leider ist die Zauberei noch eine große Männerdomäne. Es gibt wenige Frauen, die sich für dieses Thema interessieren.

Der Besuch eines Zauberkongresses

Wer sich intensiver mit der Zauberei beschäftigen möchte, kann eines Tages den Besuch eines Zauberkongresses einplanen.
Alljährlich finden in der ganzen Welt und selbstverständlich auch in Deutschland Kongresse statt, bei denen sich die gesamte Zauberwelt trifft. Alle Zauberer, die Rang und Namen haben, versammeln sich dort.
Es kann passieren, dass Ihnen Ali Bongo begegnet, einer der bekanntesten Zauberer Englands, oder Paul Daniels, ein aufgedrehter, älterer Herr, aber einer der besten Zauberer und berühmt durch seine Shows und Ihnen erzählt „I am a Sexsymbol". Immer wieder gesehene Zauberer wie Jorgos, der Grieche, oder Channing Pollock, Weltmeister der Magie, können Sie dort begegnen.
Erzählen Sie keine Witze über Pfarrer, denn neben Ihnen könnte zufällig der bekannte Fernsehzauberpfarrer sitzen. Sie können Franklin begegnen, einem jungen Zauberer, der den Weltmeistertitel in Tokio gewann, oder Tabary, dem Weltmeister in Seilzauberei, den Sie nächstes Jahr im Fernsehen erleben. Sie werden überrascht sein über Tamariz, ein spanisches unscheinbares Stehaufmännchen, das Sie im nächsten Seminar als Meister erleben und den das Publikum mit Standing Ovations entlässt. Und Sie treffen Profis und Amateure, die einfach Lust am Zaubern haben. Es gibt immer wieder Möglichkeiten, mit den Profis Kontakt zu bekommen und einen Plausch zu halten. Fragen werden gerne beantwortet. Es herrscht eine lockere und herzliche Atmosphäre und alle haben viel Spaß.
Angeboten werden Seminare von bekannten Zauberkünstlern, an denen alle teilnehmen. Händler aus allen Herrenländern bieten ihre neuesten Errungenschaften an. Sie können andere Zauberer in Wettbewerben begutachten und viel dabei lernen. Vergleichen Sie sich mit Ihnen, dann wissen sie wo sie stehen und was es noch alles zu lernen gibt. Es finden Galaabende der Magie statt, bei denen nur die besten Zauberer auftreten.

Informieren Sie sich und lassen sie sich von den Zauberhändlern die nächsten Daten für einen Kongress mitteilen, oder lesen Sie sie in eine der Zauberzeitschriften. Auch bei den Zirkeln können Sie sie erfragen.
Alle drei Jahre findet der Weltkongress in einem anderen Land statt. 1997 war der Weltkongress in Deutschland in Dresden. Es war für alle Beteiligten ein großes Erlebnis. Sogar David Copperfield wurde auf den Weltkongressen schon gesichtet. Auch er ist ständig auf der Suche nach neuen Ideen, die er in seine Show mit einbauen kann.
Aber es werden auch viele kleinere Kongresse angeboten.

Zaubern im Internet

Wählen Sie einfach eine Ihnen bekannte Suchmaschine aus, z. B. Google. Tippen Sie ein Wort oder Fachgebiet ein. Das kann „Zaubern", „Zauberei" , „Zaubertricks" , „Seifenblasen" oder Ähnliches sein. Schon erhalten Sie eine Menge Seiten an Informationen dazu, die Sie aufrufen können.
Fragen Sie nach Händlern, die Ihre Webseite vorstellen. Sie können Zauberbücher direkt nach Hause bestellen, Adressen abfragen, sich mit anderen Zauberern austauschen, Termine erfragen für Zauberveranstaltungen, Zaubertricks ersteigern oder Trickbeschreibungen erfragen. Fast alles ist möglich.
Folgende Adressen für Zauberinteressenten sind empfehlenswert:

www.Zaubertrick.de
Hier können Sie einen Kartentrick am Computer machen

www.Zaubertricks.de
Erklärungen, Anleitungen, Berichte

www.Zzzebra.de
Alles rund um Seifenblasen

www.kindercircus-zeitung.de
Alle Themen wie Zaubern, Clownerie, Seifenblasen, usw.

Noch mehr Zauberadressen

Zauberkellerhof
Am Buschhof 24
53227 Bonn
Tel. 0228 / 44 16 68
www.zauberkellerhof.de

MCH Magic Center Harri
Wehrstraße 7
35647 Kraftsolms
Tel. 06085 / 97 03 40
www.magiccenterharri.de

Stolina Magie
Robert Fislage
Hans Böckler Straße 50
59302 Oelde
Tel. 02522 / 42 58
www.Stolina.de

Zauberzentrale München
Harold Voit
Kirchplatz 9
82049 Pullach
Tel. 089 / 7 93 82 83
www.Zauberzentrale.de

Für Jonglierbedarf und Seifenblasen:
Jonglierladen
Pappnase und Co.
Von Essen-Straße 76
22081 Hamburg
Tel. 040 / 29 81 04-10
www.Pappnase.de

Pappnase und Co.
Leipziger Straße 6
60487 Frankfurt
Tel. 069 / 70 94 93

Zauber-Zeitschriften:
Erstes Wiener Zaubertheater
Zeitschrift: Aladin
Hamburger Straße 5/2
A-1050 Wien
Tel. (0043) 676 / 46 04 79 4

Magische Welt
Die unabhängige Fachzeitschrift
für Zauberkünstler/Innen – gegründet 1952
erscheint 6 x im Jahr
Herausgeber: Wittus Witt
Haus Vogelsang
Postfach 13 07 49
47759 Krefeld
Tel. 02151 / 71 16 70
www.magischeWelt.de

Gelbe Zauberseiten
Wittus Witt
Fachadressbuch für Zauberkünstler/Innen
Seit 1977 , erscheint alle 3 Jahre neu.
Adresse siehe oben

Zauberhafte Literatur

Zum Vorlesen und Selberlesen

Paul Gallico: Adam, der Zauberer, Rowohlt Taschenbuch Verlag GmbH, Reinbek bei Hamburg, 1995

Joanne K. Rowling:

- Harry Potter und der Stein der Weisen, 1998
- Harry Potter und die Kammer des Schreckens, 1999
- Harry Potter und der Gefangene von Askaban, 1999
- Harry Potter und der Feuerkelch, 2000
- Harry Potter und der Orden des Phönix, 2003
- Harry Potter und der Halbblutprinz, 2005

Carlsen Verlag, Hamburg.

Michael Ende: Der Wunschpunsch, Thienemann Verlag, Stuttgart, 1989

Ottfried Preußler:
- Die kleine Hexe,
- Der Räuber Hotzenplotz,

Thienemann Verlag, Stuttgart

Knister: Hexe Lilli macht Zauberquatsch, Arena Verlag, Würzburg 1998

Paul Korky: Zilly, die Zauberin, Beltz Verlag , 2004

Sachbücher zum Zaubern

Martin Michalski: Das große Ravensburger Zauberbuch, Ravensburger Buchverlag, Ravensburg 1987.

Uwe Schenk und Michael Sondermeyer: Zaubern für Kinder, Sic!-Verlag, Senden.

Werner Waldmann: Zauberkunst, Hugendubel Verlag, München 1983

Ian Adair: 100 tolle Zaubertricks, Buch und Zeit Verlagsgesellschaft, Köln 1993.

Annalisa Neumeyer: Mit Feengeist und Zauberpuste, Zauberhaftes Arbeiten in Pädagogik und Therapie, ambertus Verlag, Freiburg im Breisgau 2000.

Susanne Rennert: Die Zauberschule, Westermann Schulbuchverlag GmbH, Braunschweig 2004.

Harley Black: In der Zauberschule, F.X. Schmid, 2002.

Jochen Zmeck: Handbuch der Magie, Henschelverlag Kunst und Gesellschaft, Berlin 1990.

Magic Christopher: Mein Supermagisches Zauberbuch, Tosa Verlag, Wien 1993.

Michael Sondermeyer und Uwe Schenk: Hokus Pokus, Mein kleines Zauberbuch, Coppenrath Verlag, Münster.

Andreas Michel Andino: Tanz der Hände, Anstiftung zum Zaubern, Krämer, Hamburg 1996.

Andere Themen

Nick Huckleberry Beak: Spaß mit Luftballons, Bechtermünz Verlag, Weltbild Verlag, Augsburg 1998.

Birgit Fuchs: Das Luftballonbuch, Edition Moses Verlag, Kempen 1997.

Hokus Pokus, Zaubern mit Chemie und Physik, Franckh-Kosmos Verlags-GmbH & Co, Stuttgart (Zauberkasten).

Pat Keysell: Pantomime mit Kindern, Ravensburger Verlag 1977

Martin Michalski: Magic Tricks XXL, Alter 8–99, Ravensburger Verlag (Zauberkasten).

Susanne Rennert: Tolle Tricks mit Seifenblasen, Coppenrath Verlag, Münster 2003.

Silvia Schober: Merlins Zaubersteine, Fantasiereisen, Verlag Hölder-Pichler-Tempsky, 1997.

Nachwort

Bedanken möchte ich mich bei Gertrudis Layendecker, die jahrelang meine Partnerin war und die mir half, meine Erfahrungen in Bezug auf die Zauberei in die Tat umzusetzen.
Ich möchte mich vor allem recht herzlich bei Pia-B. Bluhm bedanken, die mich in all meinen neuesten Ideen unterstützt hat. Als ich 1988 mit meiner Idee zu ihr kam, einen Zauberkurs für Kinder anzubieten, war sie genauso wie ich Feuer und Flamme. Sie stellte mir im Haus der Jugend Zeit zur Verfügung, um ihn tatsächlich ausschreiben zu können. Ich hatte das Gefühl, dass sich genug Kinder anmelden würden, um daraus zwei Kurse zu machen. Und so war es schließlich auch. Es wurde ein voller Erfolg, dank unserer Begeisterung.
Aus diesen Kursen entstand die Gruppe Zaubermond, die Pia und ich mit viel Spaß leiteten. Ich möchte mich auch bei den Kindern bedanken, die mir solange die Treue hielten. Aus Kindern wurden Jugendliche und viele sind auch heute noch aktive Zauberer und gestalten ihre eigenen Auftritte. Viele waren von Anfang an dabei. Sie erlebten so einige Launen von mir mit, aus denen wieder eine andere Darbietung wuchs.
Herzlich bedanken möchte ich mich deswegen bei Lena Hensmans, Uwe Stanz, Sebastian Seeger und Tina Pillkowski und bei allen anderen Kindern, die bei Zaubermond mitmachten und die immer bereit waren für neue Zauberauftritte.
Und selbstverständlich möchte ich mich bei allen Kindern bedanken, die an unseren Zauberkursen teilnahmen.
Vielen Dank auch an Rolf-Peter Kühle für das Nachschauen dieser Lektüre.
Ein Dankeschön möchte ich auch an Martina Sherman-Hühne aussprechen, die mich unterstützte und das Fotografieren übernahm. Danke auch an die Zauberkinder Luis und Paul Lachmann und Pauline und Lukas Sherman-Hühne.
Bedanken möchte ich mich bei meinen Eltern, die mich immer liebevoll versorgten und für mich da waren.

Fußnoten

[1] Aus dem Buch Helio's Pyrologie von Hano Michael Hähle, 1990. Erhältlich bei Stolina, ein Zauberladen, Adresse im Anhang.

[2] Wenn Sie Lust auf weitere Experimente haben, schauen Sie auch in mein Buch „Tolle Tricks mit Seifenblasen", das im Coppenrath Verlag erschien.

[3] Erschienen bei Beltz, 2004

Manege frei!

Peter Albers/Rebekka Möller

Zirkusspiele

Format: 17,5 x 19,5 cm, kartoniert

114 Seiten, s/w-Fotos und Illustrationen

ISBN 3-7698-1527-0

Hereinspaziert! Ob Clown, Zauberer oder Akrobat – in der traumhaften und fantasievollen Welt des Zirkus findet jedes Kind die Rolle, die ihm auf den Leib geschrieben ist. Spiele mit Rundseil, Schwungtuch, Bällen und Ringen, akrobatische Übungen oder Tiernummern fördern Konzentration sowie motorische Geschicklichkeit. Zaubertricks und Clownerei bringen die Kinder zum Staunen, Lachen und Träumen – und immer ist eine solche Zirkusvorführung auch ein bewegendes Gruppenerlebnis! Darüber hinaus gibt es Vorschläge zum Basteln von Requisiten, zum Schminken und Verkleiden und viele Ideen für die Präsentation des Zirkus vor dem Publikum. Manege frei – die Vorstellung beginnt!